JN057822

思考は文字化すると現実化する

横川裕之
Hiroyuki Yokokawa

WAVE出版

はじめに——思考を文字化することで人生は変わる！

この本を手に取っていただき、ありがとうございます。
おそらくあなたは今の自分に納得していないし、「自分にはもっとすごいことができるはず」と思われているでしょう。

「なんでそんなことが言えるんだ？」

と思われるかもしれませんが、その気持ちがない人は、そもそもこの本を手に取って開くこともしないでしょう。
もしかしたらあなたは、これまで「自分を変えよう」「人生を変えよう」と、何度か挑戦したけれども、思い通りに全然いっていなかったり、目標を立てても達成できず、目標に対して恐怖心を持っていて、「目標とは達成できないもの」と思っているかもしれません。

「最大の投資は、自分に投資することだ!!」という言葉を信じて、たくさん本を買って読んだり、セミナーに積極的に参加したり、自己投資しているのに、思うような成果があがっていないかもしれません。

「自分を好きになりましょう」

なんて言われても、そんな何をやってもうまくいかない自分を好きになるどころか、ますますイヤ気がさしているかもしれません。

それでも、やっぱり自分をどうしてもあきらめ切れない、自分の可能性を心のどこかで信じているからこそ、この本に自分の可能性を開くヒントがあると思い、ここまで読んでくださっているはずです。

そんな状態からあなたを解放するために、この本は生まれました。

はじめまして。横川裕之と申します。

冒頭から書いてきた、今の自分に納得していない、自分にはもっとすごいことができる、何度も挑戦したけれどうまくいかなかったり、目標に苦手意識を持っていたり、自己投資で思うような成果を出せていなかったのは、過去の私自身です。

システムエンジニアとして就職したものの、システムのトラブルに振り回される毎日にイヤ気がさし、ファイナンシャルプランナーの勉強を始めて、これを教えられる仕事として、生命保険の営業へと意気揚々と転職。

「絶対に成功できる!!」という気持ちだけはずっと持ちつづけていたものの、現実は乖離していて、あまりに売れないために4年半後にはお払い箱になるほどのダメ人間でした。

そんなダメ人間だった私が自己紹介に関して2冊の本を出し、3冊目となるこの本をあなたに読んでいただけるまでになった一番の要因は、「思考の文字化」です。思考を文字化することで、自分と人生を変えることができました。

さらに、そのノウハウをオンライン上で学びながら実践していく参加費50万円の「文字化合宿」というオンラインスクールにまとめました。2013年からのべ19期開催し、中小企業の社長さんから、専業主婦の方まで、上は70歳、下は20歳と業種年齢関係なく約200名の方たちにご参加いただき、皆さんそれぞれに変化をされていきました。
たとえば、

- 「ネガティブが服を着ている」と揶揄《やゆ》されていた人が、今ではまわりから「ポジティブが服を着ている」と言われるようになった
- いち整体院の院長が、5冊の本を出して全国を飛び回るようになった
- 専業主婦で何をやったらいいかも見えなかった人が、自分が持っているスキルを使って、セミナーやイベントを主催している
- クラス40人中39位の生徒を名古屋大学合格へと導き、「生徒指導ならこの先生」と言われるようになった
- 集客できなかったセミナー講師が、全国でお呼びがかかるような人気講師に変貌

など、たくさんの方々が変化されていきました。

この本では、私や参加者の変化の事例を根拠に、思考を文字化することで人生を変える方法をお伝えしていきます。

とはいえ、億万長者になるとか、インフルエンサーになるとか、時代の寵児《ちょうじ》になるとか、そんなことはできません。私自身が実現できていないことを、さも実現できたかのように書くのはおかしな話です。

もし、億万長者やインフルエンサーや時代の寵児になる方法を求めているというのであれば、この本はあなたのお役には立てません。実際に成し遂げた方々の本を読まれるといいと思います。

私がお伝えするのは、思考の文字化を通して、自分自身の心や考えを変える方法、そして、ひとりひとりが自分とかかわる人たちをプラスの方向へ導いていく方法です。

本書を校正段階で読んでいただいた方たちからは、こんなご感想をいただいております。

- **とにかく読みやすい。「あっ、もう終わってしまった」というのが率直な感想です。もっと読んでみたいです。**
- **ワークもたくさんあり、読みながら実践できて自信と変化がすぐに得られました。**
- **エピソードが多く、イメージしやすかったです。**

・失敗に対する考え方が変わりました。
・どうして私が思考を現実化できていないのかわかる本でした。
・終盤にこの質問が来て「ドキッ！」とすると同時に「ハッ！」とさせられました。
もう一度読み直します。

思考の文字化は、非常に地味なテーマではありますが、このテーマがいかに重要であるのか、それに気づいた「時代を先読みできるセンス」をお持ちであれば、ぜひこの先も読んでみてください。

本書の使い方について

何を文字化したらいいのかわからない……

という読者のために、文章の途中途中に文字化するワークを30個入れてあります。**ワークに正解・不正解はありません。**学校教育を通じてついてしまった思考のクセが強いと書きにくいと感じるかもしれません。それが思考のブレーキの正体です。ワークは思考のブレーキが外れるように設計しているので、ブレーキをかける要因になる回答のサンプルや各章のまとめなどは極力減らしています。**誰かに見せるものでもないので、思った通りに文字化してください。**ワーク完了後は、スラスラと思考の文字化ができるようになっています。

しかし、1回目の通読の際には、1カ所を除いてワークをすべて飛ばして読んでくださって大丈夫です（その1カ所について気になるかもしれませんが、いったん忘れてください）。

読書とは、本に書いてある文字情報を自分の日常生活に使える知識に変換し、実践することです。

本に書いてある文字情報を追って、知識を増やしても使わないと忘れていってしまいます。

2回目の通読の際に、ワークに取り組んでいただくことで、知識が残りやすいように設計をしておりますので、ぜひ2回以上お読みいただければと思います。

校正段階の電子データで読んでくださった、約20人の方々の平均読了時間が約1時間でしたので、紙ベースだと1時間はかからないと思います。

ワークに取り組むのは2回目以降の読書で大丈夫です。

もし、1回目を読み終えて、「ワークに取り組まなくてもいいや……」と思われましたら、あまり仲よくしていない人に、この本をプレゼントしてください。

受け取った人は、あなたに反発してワークに取り組んで、思考を文字化し、現実化させる能力が格段に上がるはずです。

そんなに仲よくしていない人が成長して変化する姿をあなたが見ないためにも、あなたに取り組んでいただき、想定以上の変化を体験していただけるように、命を削って本文を書きます。

ここまで読んでいただき、ありがとうございました。もし、少しでも興味を持っていただけたのなら、さっそく第一歩をともに踏み出していきましょう。

※ワークの回答を記入できるワークシート（ＰＤＦ）をダウンロードできます。詳しくは２０６ページをご覧ください。

ひと足先にお読みになった
本書スペシャルサポーターの皆さまのご感想

この本のターゲットが私にどんぴしゃなので胸にぐさぐさ刺さりました。ワークを実践して、ずーーーっと気になっていたことに着手できて本当に信じられない気持ちです。読めば読むほど行動を変えることにつながる本だと体感しました。

（今井絵美さん・終活ガイド）


とても読みやすかったです。たくさんのワークがあるのでこれをきちんとやってさえいけば、自分の考えていることを目標に落とし込み、それを達成するまでを一通り実践できるというのが、とてもいいです。

（西野順子さん・キャッシュフローコーチ®）


「あ、もう終わってしまった」というのが率直な感想です。もっと読みたい、深く知りたい、という思いも同時にありました。

（赤神 瞭さん・メンタルコーチ）

多くのミスをした過去の自分に思考を文字化する大切さを伝えたい！と改めて感じさせていただきました^^
（上地康史さん・コンサルタント）

とても読みやすい文章で、1時間ちょっとで読み切りました。内容はほとんど違和感なくスッと入ってきました。「自分ができていない点を指摘されたとき」と「それか～ !!」という気づきがあったときは、「ん !?」と思って二度見しました。

（岩瀬克子さん・企業改善コーチ）


私がどうして思考を実現できていないかがわかる本でした。今私に何が足りないか、では、何から取り組んだらいいのか。それがわかるタイムリーなお話ばかりでした。自分ができてないところから取り組み直せば、また前進できると勇氣をもらいました。

（金子 文さん・集客請負人）


ある程度の結果は出ても、ずば抜けた結果が出ない理由がわかりました。本質を気づかせていただき誠にありがとうございました。

（阿部恭瑛さん・5スターこどもスクール理事長）


すごい本をお書きになりましたね。

言葉が端的すぎますが、それくらい衝撃的でした。頭の中身を言い当てられて、どんどん読み進めていくことができました。終盤に出てきた「痛っ」のところは、まったくその通り過ぎて、本を閉じないまでも冷や汗をかいていました。

（村田麻衣子さん・カフェ店員）


本を読んで湧き上がるやる気を即行動に変える仕かけがたくさん詰め込まれた素晴らしい内容です。その原因と対処法が書いてあるので、自分の具体的な行動に落とし込むことができます。

（越川一宏さん・飲食店経営）

「息子さんがアニメのキャラクターの絵を描いてるのを責めた」ことに共感できたのと「さすが!」と思いました。こういう学びの本やセミナーって講師がいいことばかり言って、講師自身の失敗談に触れないことが多い。講師の失敗談を知ってこそ学ぶほうはとても勉強になるのでよかったです。目標達成において失うことが必ずあることが書いてあるのが素晴らしいです。

(本屋勝海さん・頭痛専門整体師)


この本を実際に手にして買うかどうか悩んでいる方や読み進められていく方も進むにしたがって確信度が変化していくのだろうと楽しみになりました。

(平尾優子さん・コーチ/セラピスト)


丁寧な説明で、迷子になることなく、また具体的な例が出てくることで非常にわかりやすかったです。ワークが脳内整理になり、行動がしやすいです。行動につながる学びをありがとうございます!

(北村理乃さん・30代女性)


実は、自分は、何かを始めるときに、最初、チョロっと手をつけておく。というのをやってまして、何ページか読んでおこう的なつもりが、さらっと全部、読み切ってしまった自分にまず驚き、どんどんページをめくらされる構成の素晴らしさに感心いたしました。

(Toshiyuki Yakabeさん・家電設計者)


笑ったり、振り返って涙したり……ワークもたくさんありましたので、読み返して楽しめるご著書でした。最後までキチンと読めるように、一番最後にワークが残されていましたので、宝物探しをしているみたいで面白かったです。

(高橋あゆみさん・30代女性)


2回、3回と読むうちに、ワークをやらなければ意味がない、それだけ真剣に作者は発信しているんだ、と思えるようになりました。ワークをやり、普段、封印している本音が出てきて、「あぁ、我慢していたな」と思いました。

(竹内美紀さん・キャッシュフローコーチ®)


「読めば読むほど味が出るスルメのような本」読みやすいし、しっくりくるし、いい本ですね、これ。冗長なところもないし、「ここ変じゃね?」ってところも見当たりません。理想と現実のギャップを少しでも埋めたいと考えている人に、ぜひオススメしたい本です。

(小林雄気さん・税理士/社労士)


引き寄せの法則などで内容としてはわかってるようで、改めて詳しく文字になっていることで気づかされたことが多々ありました。今の世の中、未来に不安ばかり抱いている人が多いので、理想の未来を現実化させるために必要な1冊でした。

(藤堂 圭さん・鍼灸院院長)


とても多くの例話も取り入れられており、読みやすかったです。そして、読み進めていくうち、先へ先へとスピードがあがることを感じました。ワークも実際にやってみて、実は手が止まることが多々ありました。それは、私の現在の状況によるものと推測しています。

(大島ゆかりさん・雑談おかん)

目次

第2章　自分が求めているものを見つけ、目標に変える

第3章 現実化への思いを強くする【4観点】を文字化する

第4章 現実化するまで行動を継続させる秘訣

第5章 自分を認める「自認力」があなたを変えていく

第6章　現実化させる「力」をつける学び方

スペシャルサポーター

金子 文	陸田典志	矢ヶ部俊之	麻乃まの
汐口あゆみ	西野順子	田中克成	神成恭太
稲葉琢也	藤原麻美	藤澤多香	中山知美
越川一宏	小林雄気	山路貞善	石川与生
木村万理子	小野間宏子	伊藤 力	杉山美代
村田麻衣子	伏見 司	力石菜穂子	橋本 暖
手嶋徳子	白柳太朗	前田美幸	黒木真一郎
阿部恭瑛	大島ゆかり	井口雄介	高橋ひろ子
白石純也	池原元樹	上川弘次郎	山田雄太
赤倉 実	上地康史	徳留孝子	赤石理恵
水谷祥子	馬渡貴行	藤井哲夫	牧本洋平
岩村考治	竹内美紀	山本峰司	深川新人
赤神 瞭	近藤敏弘	木村尚義	川口康次郎
岩瀬克子	合田靖海	藤川佐智子	壹岐さより
正谷晴邦	香川花子	橋元悦子	幸野百合香
Nagi Yumoto	北村理乃	大島季子	山本智子
山本 潤	平井美奈	加藤智康	清家巧貴
佐々木誠子	伊藤佳子	池田小百合	磯和なつ
今村和之	清水慎一郎	山田理恵子	益田 政勝
本屋勝海	高畑智弘	呉村秀幸	二川晃一
中内亜加里	白石邦明	浅見弘幸	倉園安子
高橋あゆみ	市川恭子	田中博子	堀 泰子
今井絵美	丹治明美	崎田えみ子	大田原靖子
宮岡真由美	藤堂 圭	末永紀代子	新保泰秀
平尾優子	佐々木 彩	園田 恵	

ブックデザイン　bookwall
本文DTP＆図版制作　津久井直美
校閲　小倉優子
プロデュース＆編集協力　貝瀬裕一（MXエンジニアリング）

第1章

思考を現実化できる人、できない人

誰もが思考を現実化できる能力を持っている

第1章に進んでいただき、ありがとうございます。

具体的に文字化をする前に、思考を現実化させる人の考え方をお伝えします。これを理解していただくことで、そのスピードが格段に上がります。

「思考は現実化する」と、ナポレオン・ヒルの著書をはじめとして、多くの成功者が口をそろえて言います。

もし、「思考は現実化する」というのが真実だとしたら、みんな成功を願い、この世は成功者であふれているはずです。

しかし、現実はそうなっていません。

では、本に書いてあることや、成功者の言っていることは、ごく一部の特別な人にだけ当てはまることであって、私たち凡人には当てはまらないことなのでしょうか？

いったん逆の視点から考えてみましょう。

「現実は、あなたの過去の思考が現実化されたもの」

今この瞬間のあなたの現実は、こうやってこの本を手に取って、読んでくださっている状態です。

読んでくださっている状態は、無意識に作られたものでしょうか？

そんなことはありませんよね。

「何か自分にとってプラスになることが書いてあるかもしれないから、読んでみよう」

など、読むことを決断した瞬間が過去の時点であったはずです。つまり、この本を読んでいる状態というのは、あなたの過去の思考が現実化されたものだといえます。

「当たり前のことを言っている」と思われるでしょうが、現にあなたは思考を現実化させることに成功しています。

ワーク 1

なぜあなたはこの本を読もうと思われましたか？　その理由を文字化してみてください。

こんな事例はいかがでしょうか？

ご自分が小学生だった頃を思い出してみてください。多くの場合、前日に「明日も学校だ」と思いながら教材を用意して、朝起きて、学校へ通うことを当たり前に繰り返していたはずです。

日常のお仕事ではいかがでしょうか？

あなたがどんなお仕事をされているのかはわかりませんが、仮に会社にお勤めされているとします。

では、たくさんある会社の中で、なぜ、あなたはその会社で働かれているのでしょうか？

過去のある時点で、その会社で働こうと思考し、決断したからこそ、あなたは今の会社にお勤めをされています。

次に自分が会社のデスクに座っている姿をイメージしてください。

では、質問です。そのイメージを実現させるのは、難しいでしょうか？　それとも簡単でしょうか？

おそらく、簡単に実現できると思います。

仮に、今この瞬間が日曜日の夜だとして、ご自宅でこの本を読まれているとしたら、翌朝起きて、支度をして、家を出てからの通勤経路、そのどれにも悩むことなく行動できて、デスクに座っている自分のイメージを現実化できることに疑いはないでしょう。

このように、この本を読まれているあなたは、思考を現実化させる能力をすでにお持ちだということになります。


「思考は現実化できるというのであれば、なんで自分は思考を現実化できていないんだ？」


という疑問が湧き出てくるかもしれません。この疑問が湧き出てくるのは当然です。

思考を現実化できる人もいれば、できない人もいる。じゃあ、できる人とできない人にどんな違いがあるのでしょうか？

どんな思考も現実化されるわけではない

違いを伝える前に残念なことをお伝えしなければなりません。それは、**「どんな思考も現実化されるわけではない」**ということです。

「さっきは、『誰でも思考を現実化する能力を持っている』って言っていたのに、ここでは『現実化されるわけではない』と言っている。矛盾しているじゃないか!?」

と、思われるかもしれませんが、**「どんな思考も」**という言葉に注目してください。

もし、こんな受験生がいたら、どう思いますか？

「思考は現実化するのか。じゃあ、夢は大きく、来年は東大に合格することにしよう。でも、偏差値40だし、勉強するのはつらいし、思考は現実化するんだから、勉強しなくても大丈夫でしょ」

あきれてものが言えないか、「とっとと勉強しろ！」と、言いたくなりますよね。東大を受験をする人はみんな合格を信じて、受験勉強に励むわけです。しかし、定員割れにでもならない限りは、全員が合格することはありません。

もし、どんな思考も現実化されるのであれば、全員が東大に入れるはずですが、現実はそうなっていません。

合格は、入学試験というハードルを自分の「力」で乗り越えた人にだけ与えられるものです。つまり、いくら「合格したい」と思っても、その思考を現実化させるだけの「力」がなかったら、合格という思考は現実化されることはありません。

逆を言うと、入学試験というハードルを乗り越えるだけの「力」を持っていたら、受験前に思考していた合格は現実化することになります。

思考が現実化するかどうかは、自分がそれを現実化するだけの「力」を持っているかどうかによって決まってくるのです。

すぐに現実化できるものは、すでに現実化できるだけの「力」を持っているからです。逆に、すぐに現実化できないのは、まだ現実化できるだけの「力」を持っていないからです。

「力」を持っていないなら、どうすればいいのか？

答えはひとつです。「『力』をつけたらいい」となります。

先ほどから受験を事例に出していますが、受験勉強とは合格するための「力」をつけるために行なうものです。一朝一夕に身につくものではなく、長い時間をかける必要があります。

この長い時間に耐えられるかどうか。耐えたからといって、必ず合格が手に入るというわけではありません。手に入るかどうかわからないものに、自分の時間とエネルギーを注がなければなりません。

当然、苦しいときもあるでしょう。あきらめたくなるときもあるでしょう。でも、あきらめたらそこで試合終了で、合格を現実化させる「力」がつかず、「合格できなかった自分」を現実化させることになります。

では、「いかに『力』をつけていったらいいのか？」という話に入る前に、現実化させる「力」が強い人、つまり結果を出す人の思考法・習慣サイクルをお伝えします。

なぜ思考を文字化する必要があるのか？

「思考する」「考える」というと、頭の中だけでやっている人がほとんどです。一方で、結果を出す人たちは、思考を紙や画面にアウトプットすることをやっています。つまり、「文字化している」ということです。

なぜ思考を外に出したほうがいいのか？

算数の計算を思い出していただきたいのですが、九九や二桁までの足し算・引き算なら、多くの人が暗算でもできます。しかし、そろばん教室などで特殊な訓練を受けていない人は、二桁の掛け算や三桁以上の計算になったら、暗算よりも筆算を選択するはずです。

なぜなら、暗算よりも筆算のほうが正確だからです。思考も同じです。頭の中で考えるよりも、外に出したほうが正確に把握できます。

書いた文字は、その人の思考の現れです。頭の中で思考できていないことは、文字にすることはできません。そして、思考の量と文字量は正比例します。たくさん思考している人は、たくさん書けますし、逆にあまり思考していない人は、少ししか書けません。

頭の中で思考はたくさんしているけれども、いざ、文字にしようとすると出てこない――こんな状態は、頭の中がグルグルと回っているだけで、残念ながら思考できていない状態です。

私たちはテレパシーを使って、相手に自分の頭の中身を伝えることはできません。同じように、相手の頭の中身をのぞくこともできません。頭の中身を伝えるには、言葉を使って相手に伝わるように整理しなければなりません。

頭が整理できないという人に限って、文字化することをせず、自分の頭の中で思考をグルグルさせてしまっています。一度、文字化してしまえば、そのことについて頭のリソースを使うことなく、そのリソースを使ってほかのことを思考できるようになります。

脳は不思議なもので、外に書き出していると、その空いたスペースに新しいアイデアや考えを生み出してくれます。

たとえば、この本も当初の企画段階で予定していた内容とは、大幅に変更されています。書いているうちにあなたにとって、より伝わりやすい形を見つけることができたからです。

そうやって書いているうちに思考はどんどんアップデートされていき、より鮮明なものとなり、現実化が近づいてくるのです。

ワーク 2

今、あなたの頭の中に浮かんでいることを3分間で文字化してみてください。正解・不正解はないので、自由に書いてください。「自由と言われても何を書いたらいいかわからない」というように、頭の中に浮かんでいることをとにかく書き出してください。書き出す先は、紙でもスマホでもPCでもどれでも大丈夫です。

現実化できる人が持っている成功習慣サイクル

現実化できる人は、次ページの図1のような成功習慣サイクルを持っています。

人は誰でも結果を出したいと思っています。そして、結果を出すためには行動をしなければなりません。

結果を生み出すのは行動、そして、その行動を生み出すのは思考です。結果を出す人には「結果を出す思考のクセ」があり、逆に、結果を出せない人には「結果を出せない思考のクセ」があります。

行動と結果は目に見えるものですが、思考と感情は目に見えません。だから、結果

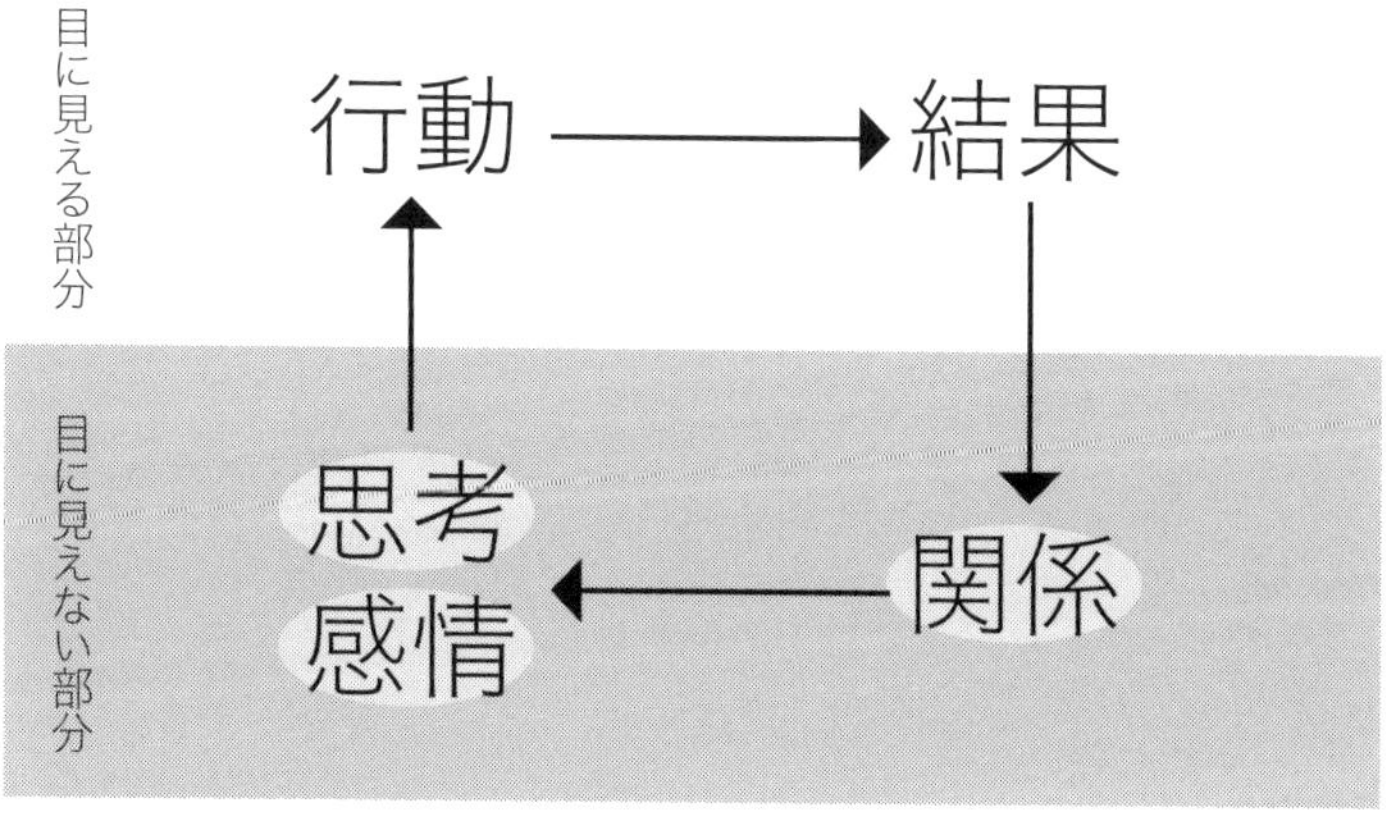

図1　現実化できる人の成功習慣サイクル

と行動ばかり見ていても、正しい考え方になっているかどうかがわかりません。そこで、目に見えない部分を文字を使って、見える形にしていきます。

文字にして書くことによって、自分で自分の思考と対面し、自分の思考を内省できます。

たとえば、あなたがなんとなく不安を感じていたとします。

何に対して不安を感じているのか、それを文法や体裁を気にせず、文字化していきます。文字化に慣れていない人は、言葉にすることができないので、「何が不安なのかがわからないことに不安を感じている」ということもあるかもしれません。頭の中に思い浮かんだ言葉をとにかく文字化してください。

脳科学によれば、人間の不安というのは、脳内の大脳辺縁系、扁桃体といった、本能的に恐怖を感じる部分に生じています。不安を文字化することによって、理性や感情コントロールを司る前頭葉が働くようになって、不安を抑えられるようになります。

そういった目に見えない部分をトレーニングして、思考を現実化させる力をつけ、結果を出す成功習慣サイクルを創っていく過程を、私は「文字化マネジメント」と呼んでいます。

「あれっ？　図の中にある『関係』ってなんなの？」と思われたかもしれませんね。ワークのあとでお伝えします。

ワーク 3

いったん本を閉じて、紙やパソコン、スマホの画面などに不安を文字化してみてください。たとえば、この文章を書いている私の不安のひとつは「読者の方たちはワークをやってくれるだろうか？」というものです。この不安を書き出したことで、対処法を思いつき、ある工夫を入れることができています。不安を見える化することで「対処できそうだ」と前向きな気持ちになった人が多いワークですので、ぜひ取り組んでみてください。

現実化できない人に欠けているモノ

成功習慣サイクルの中で、最も重要なカギが「関係」です。この関係は誰との関係を指すかというと、「自分自身」です。昨今の流行の言葉で言えば「自己肯定感」になります。関係は思考や感情以上に結果に影響を与えます。

結果を出す人は、挑戦するたびに、「自分は必ずできる！」と自分自身を信頼して行動するので、たとえ失敗したとしても、ゴールをあきらめずに何度も何度も挑戦を繰り返します。

逆に結果を出せない人は、「今回も失敗するんじゃないか……」と思考するクセがついているので、その思考通りに失敗を現実化させてしまって、「やっぱり自分なんてその程度のものなんだ……」と、自分自身をあきらめてしまい、やがて挑戦そのものをやめてしまいます。

自分があきらめるだけならいいのですが、ひどい場合には自分ができなかったことに挑戦している人たちの足を引っ張るような行動に出る人もいます。

この本をお読みになっているあなたは、「自分にはもっとすごいことができる！」と、未来の自分自身の可能性に対して、信頼を置いているはずです。

そうでなければ、この本を手に取って、ここまで読むことはなく、とっくに閉じてしまっているでしょう。

しかし、未来の自分の可能性には信頼を置いていても、今の自分自身には信頼を置いていないかもしれません。

もし、今の自分自身が信頼できていないとなると、積み重ねるのは、「信頼できていない自分自身」です。つまり、今の自分自身を信頼できていなかったら、どんな大きな成果を出しても、どんなにお金を持ったとしても、未来永劫、自分自身を信頼することはできません。たとえ信頼できるように思ったとしても、それは成果やお金を信頼しているのであって、自分自身を信頼しているのではないのです。

だから、まず取り組むべきことは、今の自分自身を信頼できるようになることです。

とはいえ、「自分自身を信頼すればいい」と言われても、その具体的な方法論がわからなかったら、信頼できるようにはなりません。

では、どうしたらいいのか？　これは非常に大切なポイントになりますので、第5章で改めて詳しく説明します。

人生は過去の思考にふさわしいものでできている

現実化できる人たちは、例外なく自分の人生を自分の責任で創っているという思考を持っています。同様にあなたの人生はほかの誰のものではなく、あなたが創ってきたものであり、これからもあなたが創っていくものです。

もしかしたら、職場に不満があるかもしれません。でも、星の数ほどある会社の中で、あなたはその会社を志望し、入社試験を受け、合格して、その会社に入社したわけです。

あなたの人生は、あなたが過去に思考したことにふさわしいものが提供されています。どんなに現時点での人生がきびしいものであったとしても、それは過去の自分の思考が創り出したものです。

「こんなきびしい人生を望んでいるわけないだろ‼」と、あなたはお怒りになるかもしれません。そのお怒りはごもっともです。

でも、自分が創り出していないとしたら、人生は自分以外のものによって創り出されている、つまり、あなたは自分の人生の主導権を自分以外のものに渡してしまっていることを認めることになります。

もちろん、自然環境など自分でコントロールできない制限もたくさんあります。でも、その制限の中で自分がどう選択し、決断していくのかは、自分が主導権を握って、自由に選ぶことができます。

自分が「力」をつけていけば、その制限の枠を徐々に徐々に広げることができるようになります。

たとえば、子どもの頃はお金を稼ぐ力がなく、欲しいものを買うにも、与えられたおこづかいの範囲で考えなければなりませんでした。金額が足りない場合はねだったりお願いしたりして大人の力を借りたと思います。しかし、年齢を重ねるにつれて、お金を稼ぐ力がついてくると同時に、買えるものの種類も増えてきました。

買いたいと思ったものが、手持ちのお金で買えるのであれば、すぐに買いますよね。でも、手持ちのお金で足りなかったら、貯金して買える金額が貯まるまで待ったり、人からお金を借りて、先に購入して、その購入したお金を返していく、という選択もできます。

制限はありますが、その制限の枠を徐々に徐々に広げていくためには、自分が主導権を握っているという意識を持ちながら、「力」をつけていかなければなりません。

しかし、意識を持ちながらといっても、人間は思考をすべて意識することはできません。主導権を握っているという意識を無意識部分に落とし込む必要があります。

無意識の思考を変えていく唯一の方法

2005年の全米科学財団の研究結果によると、人は1日に5万～6万回思考しているそうです。

仮にこの数字が正しいものだとして、私たちはそのすべてを把握できているでしょうか？　絶対に把握できていませんよね。

私たちが認識できる思考はほんのわずかなものです。認識できる思考よりも、認識できない無意識の部分の思考がはるかに多いわけです。

意識している部分の思考がネガティブだったとしたら、当然、意識できない部分もネガティブな思考でしょう。

再度お伝えしますが、もし、現実は過去の自分の思考が創り出したものだと受け入れることができないのであれば、自分の人生は自分以外のものに主導権を握られている、自分ではコントロールできないことを認めていることになります。

それは同時に、「人生は自分ではコントロールができない」という暗示を自分自身にかけてしまっていることになるのです。

さらに、その暗示は無意識部分にも伝わって、「人生は自分でコントロールできない」という無意識での思考を強化することになります。結果として、コントロールできない環境や事象が、何度も何度も目の前に現れてきます。そのコントロールできない事象の中で、自分が主導権を握って、「コントロールできる部分はどこなのか?」「できない部分はどこなのか?」を見つける訓練をしなければ、これまでと同じ人生が繰り返されることになります。

できないものはできませんから、そこに時間とエネルギーを割いたとしても、自分も状況も前に進むことはありません。

コントロールできる部分を見つけたら、即行動です。行動することによって、「自分は人生をコントロールできている」と、無意識部分の思考に働きかけができます。

制限されることはいっぱいあります。その制限される中で、自分のできることを見つけてやっていくことで、「力」がつき、制限の枠が広がり、現実化できるようになっていきます。

現実化できないのは、「力」がまだ足りないからです。では、その「力」をどうやってつけていけばいいのか？　第2章以降で、具体的な方法をお伝えしていきます。

ワーク 4

第1章を読んでの気づきや感想を文字化してください。

第2章

自分が求めているものを見つけ、目標に変える

まずは未来を文字化する

思考は現実化していて、現実化しているものは過去の思考、そして、その過去の思考の大部分が無意識による思考であるということを第1章ではお伝えしました。

残念ながら、どんな思考でも実現できるわけではありません。それを現実化させるだけの「力」が足りなかったら、どうがんばっても現実化されないのです。

では、「力」をつけていくためにはどうしたらいいのか？　日常の行動を変えていかないといけません。

たとえば、あなたに小学校2年生のお子さまがいると仮定して、土曜日の朝食時に

「来週水曜日の九九のテストで絶対に１００点を取りたいから手伝って！」

と、あなたに言ってきたとします。

あなたはお子さまにどんなサポートをされるでしょうか？

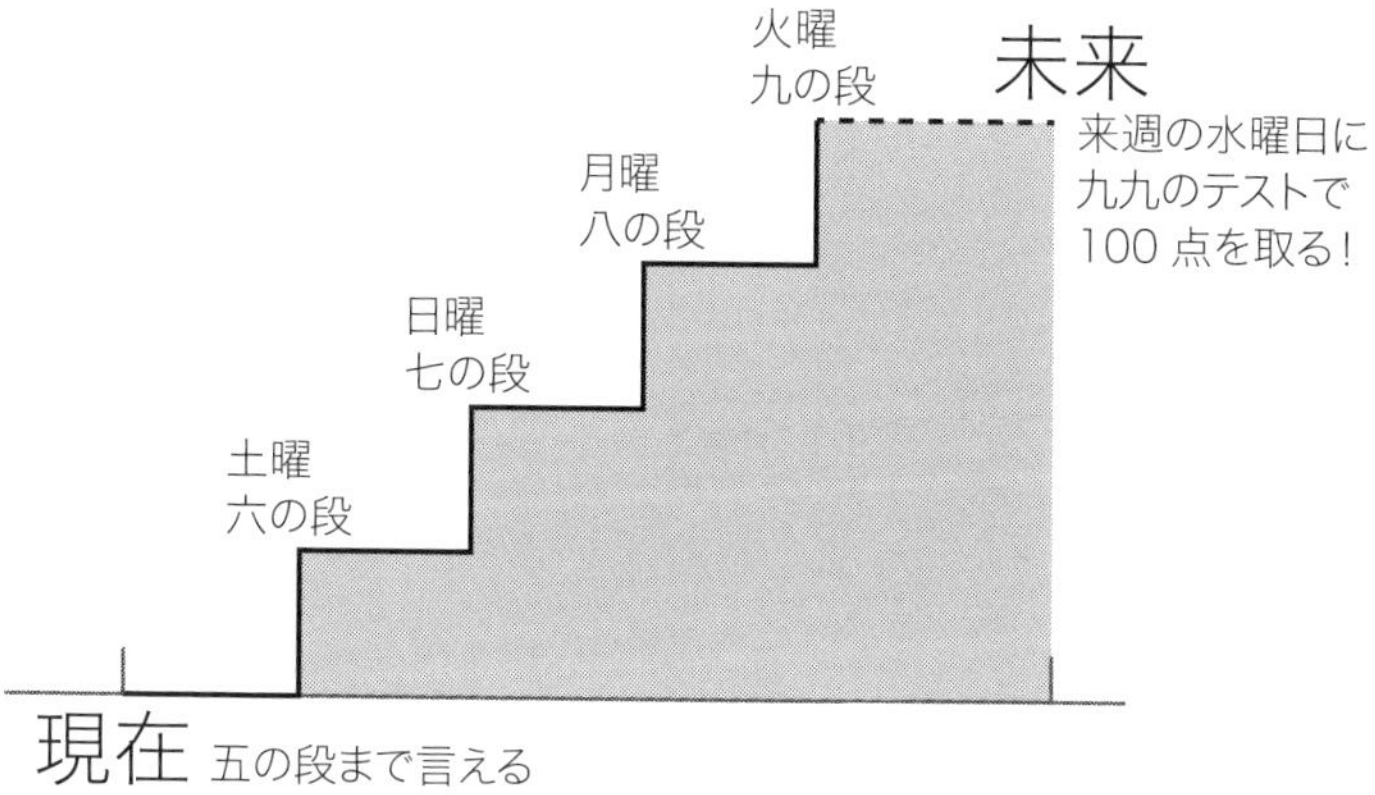

図2　現在と未来のギャップを明らかにする

ゴールは明確になっています。じゃあ、ゴールと現在地でどれだけの差があるのか、それを確認しますよね。

九九を言わせてみると、六の段以降があやふやになっている。満点を取るためには、まだまだ力が足りないので、毎日、朝食前と寝る前に九九を復唱を聞く時間を作って、サポートしよう。

このように、未来と現在のギャップを埋める行動を考えて、それを計画に落とし込んで、それを実践していきます（図2）。まさか九九のテストなのに、毎日、九九を復唱せずに、漢字の勉強をして、「満点を目指そう‼」なんていう計画は立てませんよね。

本番のテストまでに、毎日九九を復唱することで、満点を取るための「力」がついていきます。そして、いざ本番当日を迎えます。

未来を文字化すれば、現実とのギャップが見つかり、そのギャップを埋めるための行動も生まれてきます。 行動している間は、文字化した未来を実現するために思考のほとんどが使われるので、現実化する可能性が高くなります。

なぜこんな事例を出したかというと、ほとんどの人が目指している未来を文字化していないからです。未来を文字化している人かどうかがわかる質問があります。この質問に3秒以内に答えられる人は、つまり即答できる人は、未来が文字化されている人です。

よろしいでしょうか？

質問はこれです。

「あなたの現在の目標を教えてください」

即答できない人がほとんどですが、あなたはいかがでしょう？

未来を設定していないから、思考は変わらず、思考が生み出す行動も変わらず、そして、結果も変わらない。つまり、いつもと同じ変わらぬ毎日をすごすことを現実化させているのです。

ワーク 5

あなたの現在の目標を文字化してください。もし、持っていない場合は空欄のまま次に進んでも大丈夫です。

なぜグチを言ってはいけないのか？

毎日毎日、自分の現状に対してグチを言っているものなら、もう大変です。ますますグチを言いたくなるような状況が現実化されます。

たとえば、職場に対してグチを言うとします。「自分はがんばっているのに、まわりが評価してくれない」なんてグチを言っている人は、目の前の自分の仕事に真剣に取り組むでしょうか？　まず取り組みません。取り組み方も適当になりますよね。

適当に取り組んでいる姿勢はまわりから見たら一目瞭然です。そんないいかげんな仕事をしている人に対して、高い評価を与える人なんていません。

仮に真剣に取り組んでいたとしても、まわりはその人の言うグチにイヤ気がさし、前向きに取り組んでいるとは評価してくれません。

高い評価を与えられないから、また「自分はがんばっているのに、まわりが評価してくれない」とグチを言いはじめます。


こうやって読んでみると、「そりゃそうだ」と思われるかもしれませんが、グチを言うことによって、グチをさらに言いたくなるような状況を自らが現実化させているわけです。


「がんばっていれば、いつかは報われるはず」と思っていても、その「いつか」は、永遠にやって来ません。

いつもと同じ変わらぬ毎日をすごしているのは、自分自身の選択の結果なのに、「シンデレラ」に出てくるような魔法使いが現れて、違う世界へ連れて行ってくれると信じている人も多いです。

魔法使いがいないことは証明できませんが、この本を読んでくださっているあなたは、そんな来るかどうかわからない魔法使いに自分の人生を預けるのはなく、自分自身で未来を描いて、それを実現させていきたいという思いを強く持っているはずです。

では、未来をどう設定していけばいいのでしょうか？　設定する前にやっていただきたいことがあります。それが「ブレインダンプ」です。

自分の頭を空にするブレインダンプ

「ブレインダンプ」という言葉を聞いたことがあるでしょうか？

「Brain（＝脳）」と「Dump（＝放り出す）」という単語が組み合わさってできた言葉です。テーマを決めて思いついたことをとにかく書き出すというものです。

自分の頭の中にあるものを徹底的に外に書き出していきます。私のところでは合宿形式で、「全員が１０００個書き出すまでは誰も寝てはいけない」というルールで実践しますが、いきなりそれは難しいので、まずは15分から始めてください。
用意するものは白紙とペンだけで大丈夫です（購入特典として、オリジナルのブレインダンプシートをプレゼントさせていただきます。詳細は206ページをご覧ください）。この次のワークにつながるので、付箋《ふせん》があるとベターです。付箋は書き出したあとで並べ替えたりすることができるので、非常に便利です。付箋が手元にない場合は、白紙にとにかく書きなぐってください。

ここで出すテーマは「やりたいこと」です。

ポイントは15分間、手を止めないことです。「これはやりたいことじゃないよな……」とか、「こんなこと書いていいのかな……」というジャッジは一切不要です。ジャッジをしてしまうと、脳がジャッジすることに動いてしまうので、やりたいことが見つからなくなります。
よく「やりたいことがわかりません、見つかりません」というご相談をいただくことがあるのですが、聞いてみるとそんなことはなくて、やりたいことはお持ちなので

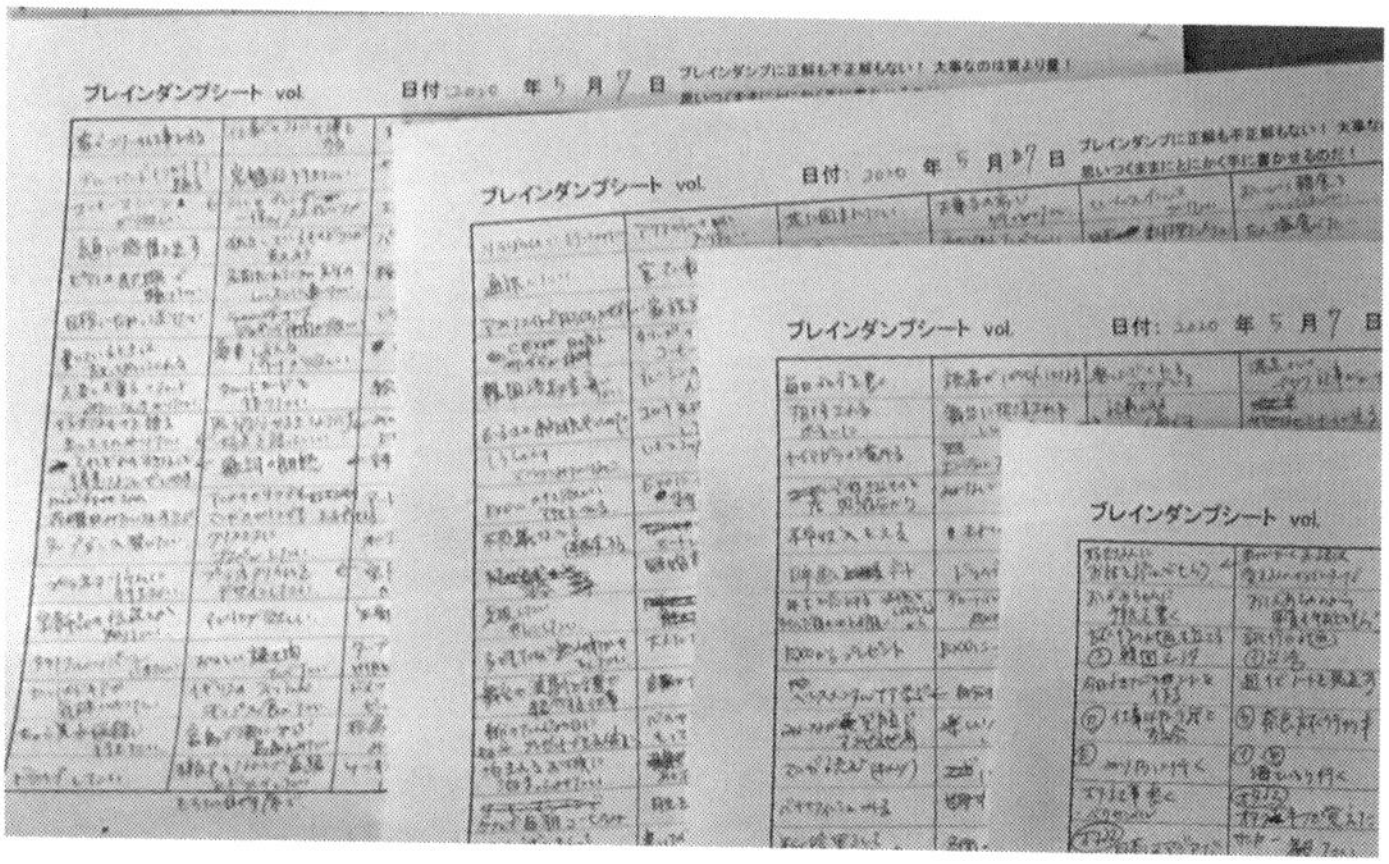

本書スペシャルサポーターのひとりが取り組んだブレインダンプシート

す。では、何がブロックしているのかというと、ご相談者全員に共通しているのが、「他人の目を気にしている」ということです。「こんなことやりたいなんて言ったら、まわりの人になんて言われるか……」というのが、自分の思いよりも先に出てきてしまっているのです。だから、「自分がこんなことをやってもいいんでしょうか」と口に出されるのです。

自分の人生ですし、誰も見ていません。

自分自身に正直にやりたいことを思いっきり書き出してください。やれるかやれないかは、ここでジャッジする必要はまったくありません。

「あっ、思いつかない」「なんで思いつくかないんだ」みたいなことでもかまいません。とにかく手を止めずに書きつづけます。するとと不思議なことに、普段思ってもいないようなことや、忘れていたことも文字にして現れてきます。

文字が思い浮かばないで、絵が思い浮かぶのであれば、その絵を描いてもらってもかまいません。目的は「脳の中に詰まっているものをとにかく外に出す」ということです。

以下、手順になります。

1　A4一枚の白紙とペン（できれば付箋も）、タイマーを用意する

2　タイマーで15分セットする

3　やりたいことをテーマに15分間、手を動かしつづける

これだけです。

やっていただくとわかるのですが、スラスラと出てくる人は普段から考えていて、自分自身に許可を出せる人です。逆に詰まってしまう人は、あまり考える時間を取っていないか、自分自身に許可を出せていないかのどちらかです。

自分自身に許可を出せていないことに気づけると、変化も早くなります。

たとえば、私の事例でいえば、

亡くなる直前までずっと仕事をしていたい。人は必ずその人にしかない役割がある。それに気づいてもらう仕事。そのためには、さらに心身ともに健康でありたい、というよりも、健康でなければいけない。じゃあ、これ以上に健康になるためにやりたいことは……


というように、書いていくうちに思考がどんどん発散していきます。そこで思いついたことをどんどん書いていくのです。ポイントは考えるのではなく、「手に書かせる」のです。

「なるほど、自分はこんなことを考えていたんだな」と思えるようになるくらい、とにかく手を動かしてください。

書き出したら、次に進んでください。今、電車に乗っているなどの事情で、「書き出す時間が取れない」という場合には、このまま読み進めていただいても大丈夫です。

ワーク6
ブレインダンプをやってみての気づきや感想を文字化してください。

やりたいことを分類する

やりたいことを書き出してみて、いろいろな気づきがあったと思います。それを否定することなく進めてください。次はそれを左記の9分野に振り分けます。A4の白紙に書いた場合は転記を、付箋に書いた場合は、それぞれの項目の下に貼り付けてください。

- **自分**
- **仕事**

- 健康（心・体）
- 人間関係
- 趣味
- 教養
- お金（収入・財産・老後）
- 家族・家庭
- 奉仕活動

正解、不正解はないので、あなたの直感で書いたものを振り分けていってください。振り分けてみると、「バランスが悪いな」と思われるかもしれません。でも、それが今のあなたの現状の思考パターンというわけです。

その思考パターンが現状を作っていると

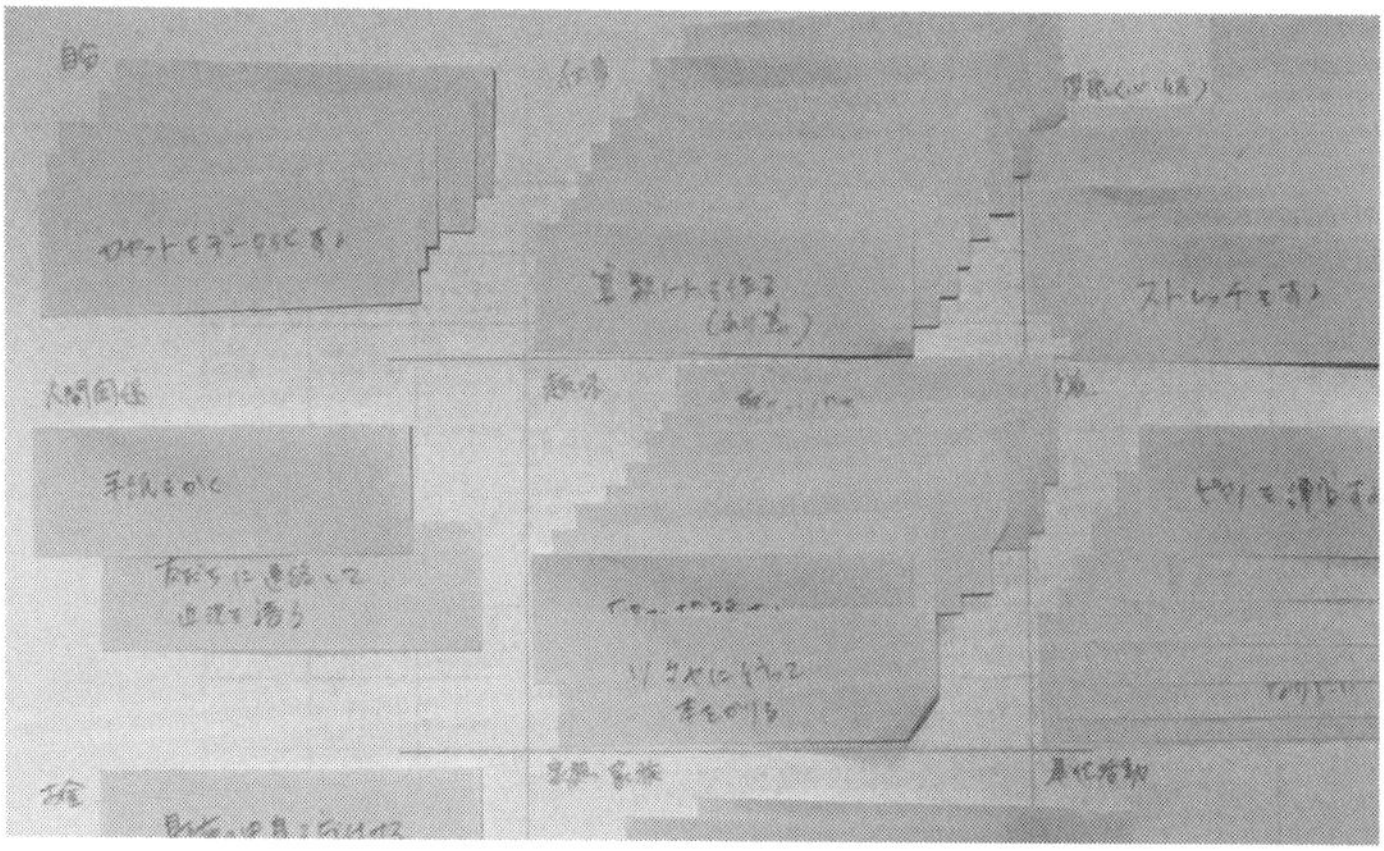

本書スペシャルサポーターのひとりが実践したシート

いうことは、そのバランスを変えることによって、あなたの思考は変わっていきます。

ブレインダンプに慣れてきたら、これを各分野に絞って行なうこともぜひやってみてください。


仕事でやりたいことはなんだろう……

趣味でやりたいことはなんだろう……

老後にやりたいことはなんだろう……


ポイントは、先ほども書きましたが「手に書かせること」です。意味が通じない言葉でもかまいません。文字になっていなくてもかまいません。「あ」とか「う」とか「苦しい」でもいいです。

とにかく手を止めないことです。

そこに現れているのは、あなたの「やりたいこと」リストです。月日が経てば、やりたいことリストも変わってくるでしょう。一度出したからといって、変えてはいけないというルールもありません。

ぜひ定期的にメンテナンスしていってください。

やりたいことは期限を決めて目標にする

リストの中からまずはひとつ選んでください。その選んだひとつに日付や日時を入れて、つまり期限を決めて目標に変えましょう。

目標という言葉を聞くと、何か特別なものに感じるかもしれませんが、日常の中でも無意識のうちに目標を立ててすごしています。

たとえば、

「始業時刻に間に合うように出社する」
「デートの待ち合わせに遅れないように定時退社する」

など、無意識に期限を決めて目標を立てて、その目標を現実化させるために行動しています。

一方で、

「今度ぜひご飯でも一緒に」

「今度飲みに行きましょう！」

というような会話を、誰もがした経験を持っているでしょう。でも、期限が決まっていないものは、どれも現実化していませんよね（笑）。

こういう期限を決めないようなお誘いをする人は、例外なく目標達成を苦手にしています。

成果を出す人たちに共通しているのは、お誘いするときにはすぐにスケジュールをチェックしていることです。

「来月の1日か16日の19時からでお願いしたいのですが、ご都合いかがでしょうか？」

と、自分主導でスケジュールを立てます。

成果を出す人にとって、目標というのは期限が決まった予定です。一度予定を決めたら、その予定を実現させるために、行動計画を立てて、それを実践していきます。そして設定した日時に、その予定は現実化している。つまり、目標達成しているのです。

この期限を決めるのが、一番難しいのではないでしょうか？　私も難しく感じていた頃がありました。

日付や日時を入れると、「それをやらなきゃいけない」という義務感に変わっていってしまうような気がするし、できなかったときを想像してしまって、「できない落ち込みを味わうくらいなら、やらないほうがいいや」という選択をしてしまっていました。

でも、それだと変わらない現状を選択することになるので、失敗を覚悟のうえで、期限を決めてトライしたら、心配は杞憂《きゆう》に終わり、達成することが増えてきました。

一度達成できると、その達成感を味わいたくて、次もチャレンジするようになります。途中、失敗もありますが、この失敗は自分に足りないものを教えてくれると前向きに捉えて、再チャレンジして……というのを繰り返しています。

期限を決めると自然と行動計画も変わってきます。1年後でいいのか、2年後でいいのか、それとも3カ月以内なのか。決めた日付によって、今日からの残りの日数が出て、その残りの日数でできる行動が変わってきます。

たとえば、「家族旅行に行きたい」と思ったとき、場所を決めたとしても、日付や日時を決めないことには、その旅行は実現されませんよね?

期限を決めたら、それは目標に変わります。目標に変わると、その旅行の開始予定日までに必要な行動が洗い出されて、それをひとつずつ着実に実践していけば、旅行、つまりやりたいことが実現できることになります。さっそく目標をひとつ書いてみましょう。

ワーク 7

ブレインダンプで書いた「やりたいこと」からひとつ選んで、次の空欄を埋めてください。

①は目標を、②は期限（日時）を入れてください。
私の目標は（①　　　　　　　）です。（②　　　　　　）に達成します。
以降のワークでは、ここに書いた目標を使っていきます。

遅刻しない人は目標達成の達人

「目標達成できたことないんだよなあ……」と不安に思われているかもしれません。
でも、毎朝、遅刻せずに出社しているなら、

「始業時間という期限までに会社に着く」

という目標を設定して、その目標を実現させるために、最優先で行動している結果が出ているのです。

私たちは子どもの頃から、強制的に期限が決められている中ですごしてきました。だから、「期限を自分で決める」という経験が少ないし、そもそも「期限は誰かから決められるもの」と無意識に思っている人が多いです。

目標達成が苦手な人は、期限を決めるのが苦手な人です。

というよりも、期限を決めることに慣れていないだけです。

だから、期限を決めることに慣れてしまえば、目標達成の確率も上がっていきます。伸びしろがいっぱいあるわけです。

出社できているのであれば、その出社時間から逆算して、起床時間や身だしなみを整える時間などを決めて、遅刻しないという目標を達成されています。

「遅刻しないのは目標じゃないよ」と思われるでしょうけど、それは意識的に掲げたものではなくて、強制して与えられているからそう思うのです。

目標とは「標《しるべ》を目指す」と書きます。標とは、目印のことです。

始業時間が8時半なら、8時半という標に向かって、日々行動しているわけです。

また、食事を作る方であれば、

「○時から食べはじめるために、献立は……、献立に必要な食材は……、いつ買い出しに行くか……、予算をいくらにするか……」などと考えて行動し、食事を実現させているのです。

短いスパンでは目標達成できているわけですから、それを少しずつ時間を長くしていくことに慣れていったらいいのです。

具体的に達成可否が判断できるかどうか

「目標は毎日、いきいきわくわく生活することです」

こんな目標を聞いたら、あなたはどう思いますか？

これを聞いても達成のイメージが湧かないと思います。「いきいきわくわく」というのは、人によって感じ方も変わってきますし、感じ方なので、その場でその瞬間にできることのようにも思えます。

これが受験やスポーツだったらどうでしょうか？　第1章でも例に出した「東大合

格」、スポーツだったら「全国優勝」と、明確になるものがあります。

テストだったら期末テストで１００点を取る、売上だったら3月末までに3億円など、どれも期日が決まっているものであり、数字がかかわってくるものです。

そう、具体的に達成可否が判断できるかどうかは「数字」が入っているかによって変わります。

これも当たり前といえば、当たり前なのですが、冒頭の例のように、数字が入らない人が多いのです。

たとえば、こんな感じです。


「まわりから必要とされる人になります」

「堂々と意見が言える人になります」

「日本を元気にします」


素晴らしい宣言ですが、目標にはほど遠いものです。

たとえば、「まわりから必要とされる」とありますが、「まわり」とは誰で、「必要」

とはどういう状態なのか？

　あいまいな言葉を掘り下げていって、こんな目標を立てるとします。


2020年8月25日に○○さんが開催する××先生の講演会にスタッフとして参加し、100人集客します。


　集客した経験をお持ちの方はこんなスタッフがいたら、絶対に必要と思いますよね。

　目標が決まったら、100人集客するための行動を考えて、それをひとつひとつ実行し、期日までに100人集客を達成する。

　大事なのは期日をすぎたあとです。もし、100名を達成できたなら、なぜ達成できたのか、その成功要因を分析します。

　もし、達成できなかったのなら、「もう一度やり直せるならどうする？」と、自分に問いかけて、足りなかったものを分析します。

　こうやって目標を立てて行動して、実践していくことによって、「力」は確実についていって、思考を現実化させる可能性は高くなっていくのです。

ワーク 8

当てはまるほうを○で囲んでみてください。
ワーク7で書いた目標の達成可否が
・判断できる
・判断できない

目標を持ったら「いいこと」はあるのか？

「目標があるのとないのと、どちらが生活に張り合いが出ますか？」

この質問を投げかけられたら、あなたはどちらを選びますか？
この本を読むくらい意欲が高いあなたですから、「目標があるほうが生活に張り合いが出る」と答えてくださるはずです。では、もうひとつ質問です。

「目標を持つとどんないいことがありますか？」

と、聞かれたら、あなたはどんな回答をされますか？

私の講座の受講者に聞いたところ、こんな答えをいただきました。ページ数の都合上、数は少ないですが、ご了承ください。

- **毎日の生活に張り合いが出る**
- **目標を掲げてがんばっている仲間とつながる**
- **時間の使い方がうまくなる**
- **パフォーマンスが上がる**
- **ムダなものに気を取られなくなる**
- **「どうしたらいいのか？」を考えるクセがつく**
- **早く成長できる**

では、逆に「目標を持っていないとどうでしょうか？」と聞かれたら、どんな回答をされるでしょうか？

これも受講生に聞きましたが、目標を持っている場合と逆の意見が多数でした。

・ダラダラとすごしてしまう
・生活に張り合いがない
・パフォーマンスが下がる
・ムダなものに気を取られてしまう
・時間の使い方が適当になる
・成長が遅くなる

など、いただきました。

目標を持っている生活、目標を持たない生活、どちらを選んで生活をしていくのか、それを決めるのは自分ですね。

すべての目標が現実化できるかどうかはわかりません。でも、その目標に向かって行動することで、成長して「力」がついてくるし、複数人で行なうなら、ともにがんばっている仲間が得られるし、よりよい人生へと導かれます。

ワーク 9

次の空欄を埋めてください。

私が目標を持つメリットは（　　　　　　　　　　）です。

私が目標を持たないデメリットは（　　　　　　　　　　）です。

目標は大きく設定する

目標はできる限り大きく設定しましょう。大きく設定することによって、自分自身の可能性が引き出せると思ってください。

たとえば、まったく運動をやっていなかった40代の男性が、自分の身体や健康のことを考えて、「ダイエットのためにランニングを始めよう」と決意したとしましょう。

せっかくランニングを始めるのであれば、フルマラソンにも挑戦したいという気持ちを持っていて、こんな思いを持っているとします。

「せっかくランニングを始めるなら、いつかはフルマラソンを走れるようになりたいとは思うけれども、今の自分には高望みすぎる。まずは動くことから始めないといけない……だから、ウォーキングから始めるかな……」

「いや、せっかくランニングを始めるなら、1年後にフルマラソンを走ることを目標にしよう。自己流でやるのもいいけれども、誰か教えてくれる人を探して、その人にメニューを組んでもらって、そのメニューをやっていこう」

前者は現状から未来を考え、今できることを考えています。一方、後者は未来から逆算して現状でできることを考えています。

さて、どちらのほうがフルマラソンを走れる思考になっているでしょうか？　言うまでもなく、後者ですよね。

できるかできないかは、やってみないことにはわかりません。でも、やってもいないのに、スタート前からできないと考えてしまっては、絶対にできるようにはなりません。

現状から目標を考えてしまうと、今の自分に実現可能な未来にしか、たどり着くことはできません。でも、自分の枠を大きく超えた目標を考えると、その目標にたどり着く可能性を生み出すことができます。

自分の力だけでたどり着くことが難しいのであれば、他人の力を借りたらいいのです。大きな目標を設定するということは、「自分の可能性の枠を大きく広げる」ということにつながっていくのです。

その目標に価値を感じていますか？

目標を持ったとしても、その目標に価値を感じているかどうかによって、思いの強さが変わってきます。

自分が価値を感じられるかどうかには、ふたつの基準があります。

1　自分で決めたものである

出社時刻のように誰かから与えられたものではなくて、自分で決めて、本当に手に入れたいと思っているものであるかどうか。

2　目標を見ただけで感情が動く

その目標を見ただけで、胸が熱くなったり、温かくなったり、

「よし！　やってやる」

と、自然と感情が動くものかどうか。主体的に決めて、感情が動くかどうかが、価値を感じられるかどうかの基準です。特に大事なのは2のほうです。

感情とは英語で書くと「Emotion」。「E」は「Energy（エネルギー）」、「motion」は動き。つまり、感情とはエネルギーが動くことです。そのエネルギーが行動へと私たちを駆り立てます。

よく「モチベーションが上がらない」という相談を受けますが、それはエネルギーが湧いていないからです。そもそも「目標がない」という状態ではエネルギーは湧いてこないので、「どんな目標をお持ちですか？」と、聞き返します。

だいたい、目標を即答できないか、目標が具体的になっていないかのどちらかです。

ここまで読んでくださっているあなたは、「目標はあるけれども、モチベーションが上がらない」という悩みを抱えることが多いのではないでしょうか？

モチベーションとは、動機づけです。動機とは、行動を起こすための理由や思いを持つことです。なぜそれを達成したいのか、そして、達成するとどうなるのか？ このふたつを考えることによって、思いを強くすることができます。

ワーク10

次の空欄を埋めてください。

私が目標を達成したい理由は（　　　　　）です。

なぜなら達成すると（　　　　　）が得られるからです。

目標は行動を生み出してくれる

目標設定をする一番の効果は、「行動が生まれる」ということです。目標を立てると同時に、「その目標達成に向かって何をしていけばいいのか」も考えるはずです。もし、行動が生まれないというのであれば、それは目標にはなり得ません。

行動すれば確実に目標に近づいていきます。行動しないことには、「力」はつきません。「力」がつかなければ、目標が達成されることはありません。

目標を達成したイメージを持つことは大事なことですが、味わっただけで目標が達成されるのであれば、みんな達成しています。

そのイメージで湧き出てきた感情のエネルギーは、新しく生み出された行動に使ったらいいのです。

ワーク 11

次の空欄を埋めてください。

私が目標達成のために踏み出す最初の一歩は（　　　　　　　　　）です。
（　　）月（　　）日（　　）時に実践します。

目標を達成したら失われるものにも目を向ける

いいことばかり書いてきましたが、目標を達成したら失われるものがあるということを絶対に忘れてはいけません。

今のあなたと目標を達成したときのあなたは別人になっています。

たとえば、あなたの現状は誰かに雇われているとして、独立するという目標を立てるとします。独立すれば、いろいろなしがらみから解放されて、自分のやりたいことで収入を得ることができるようになります。

しかし、同時に独立したことで、これまで安定して入ってきていた毎月のお給料はなくなります。

人間関係も変わるかもしれません。これまで親しくしていた友人たちと考え方が変わって、疎遠になることもあります。その友人たちは、あなたのことを心配して「独立するのはやめたほうがいい」と止めてくるかもしれません。でも、独立するためには、その友人たちの思いを振り切らないといけません。

友人たちは自分の思いに応えてくれなかったあなたに対して、反感を持つ可能性だってあります。

「得られるもの」だけを見ていると、思わぬところで足を引っ張られることがあるので、ぜひ「失うもの」にも目を向けて、失ってでも手に入れたい目標に仕上げてください。

ワーク 12

目標を達成して得られるもの、失うものをそれぞれ思いつくだけ書き出してください。

得られるもの	失うもの

目標は変えてもいい

目標に向けて動き出すと、目標に違和感を感じたり、上方修正、下方修正したりすることもあるでしょう。「一度決めた目標は変えてはいけない」という思い込みを持つ人も多いのですが、そんな義務はありません。

義務になってしまったら、その目標を見るたびにため息が出て、やる気を失ってしまう可能性だってあります。

行動していくことで、いろいろな学びや経験を経て、あなたは成長していきます。今の段階のあなたと、行動して成長したあなたは別人ですので、目標が変わったとしてもおかしくありません。

もし目標を見て、違和感や義務感が出てきたとしたら、それは目標を変えるタイミングだというのを教えてくれているのです。

あなたの人生におけるあなたの目標なのですから、違和感や義務感が出てきたら、誰に遠慮することなく変えてください。「逃げるは恥だが、役に立つ」です。なぜ気持ちが変わってしまったのかなど、その原因を分析して、次につなげていったらいいのです。

逆に、遠慮してこだわっていたら、あなたのパフォーマンスは落ち、パフォーマンスが落ちることで、不機嫌になるようなことがあったら、あなたとかかわる人たちに迷惑がかかります。

やりたいことを洗い出して、それを目標に変えたら、あとは行動していけばいいのですが、その行動がなかなか続かない、どうしたら続けられるようになるのか？　多くの人が悩むところですが、行動の前により大事な「思い」について、先にお伝えします。第3章に続きます。

ワーク 13

第2章を読んでの気づきや感想を文字化してください。

第3章

思いを強くする【4観点】を文字化する

ショッピングモールで駄々をこねる子どもに学ぶ

当たり前のことをお伝えしますが、願うだけ、祈るだけではやりたいことは現実化されません。現実化させるためには、自分が行動しなければなりません。

たとえば、ショッピングモールには「おもちゃが欲しい」と駄々をこねている子どもがたくさんいます。子どもは財力がないので、欲しいものが買えません。そして、方法もわかりません。

だから、自分にできること、つまり駄々をこねることに全力で取り組みます。これはどうしても、そのおもちゃを手に入れたいという思いが強いからこそできることです。

もちろん、大人である私たちは駄々をこねるようなことはできません。

でも、「どうしても手に入れたい」と思えば、それを手に入れるためのあらゆる手段を考えて、思いついた行動を実践していくことはできます。

目標を達成する人というのは、例外なく、その目標にかける思いが強いです。思いが強ければ、必ず目標が達成できるというわけではありませんが、達成するためには思いの強さは絶対条件になります。

逆に言えば、行動を止めてしまうということは、「思いがそこまで強くなかった」とも言えます。

では、どうすれば思いを強くすることができるのか?

その方法をお伝えします。

思いは4つの観点で成り立っている

全校生徒300人の大阪の荒れていた公立中学校を生活指導で立て直し、その陸上部を7年間で13回、日本一へ導かれた原田隆史先生は、「目的・目標の4観点」を提示されています（次ページ図3）。

右上が「自分有形」、右下が「自分無形」、左上が「社会・他者有形」、左下が「社会・他者無形」です。

「目標を達成することによって、自分が得られるものはなんなのか?」を4つの観点

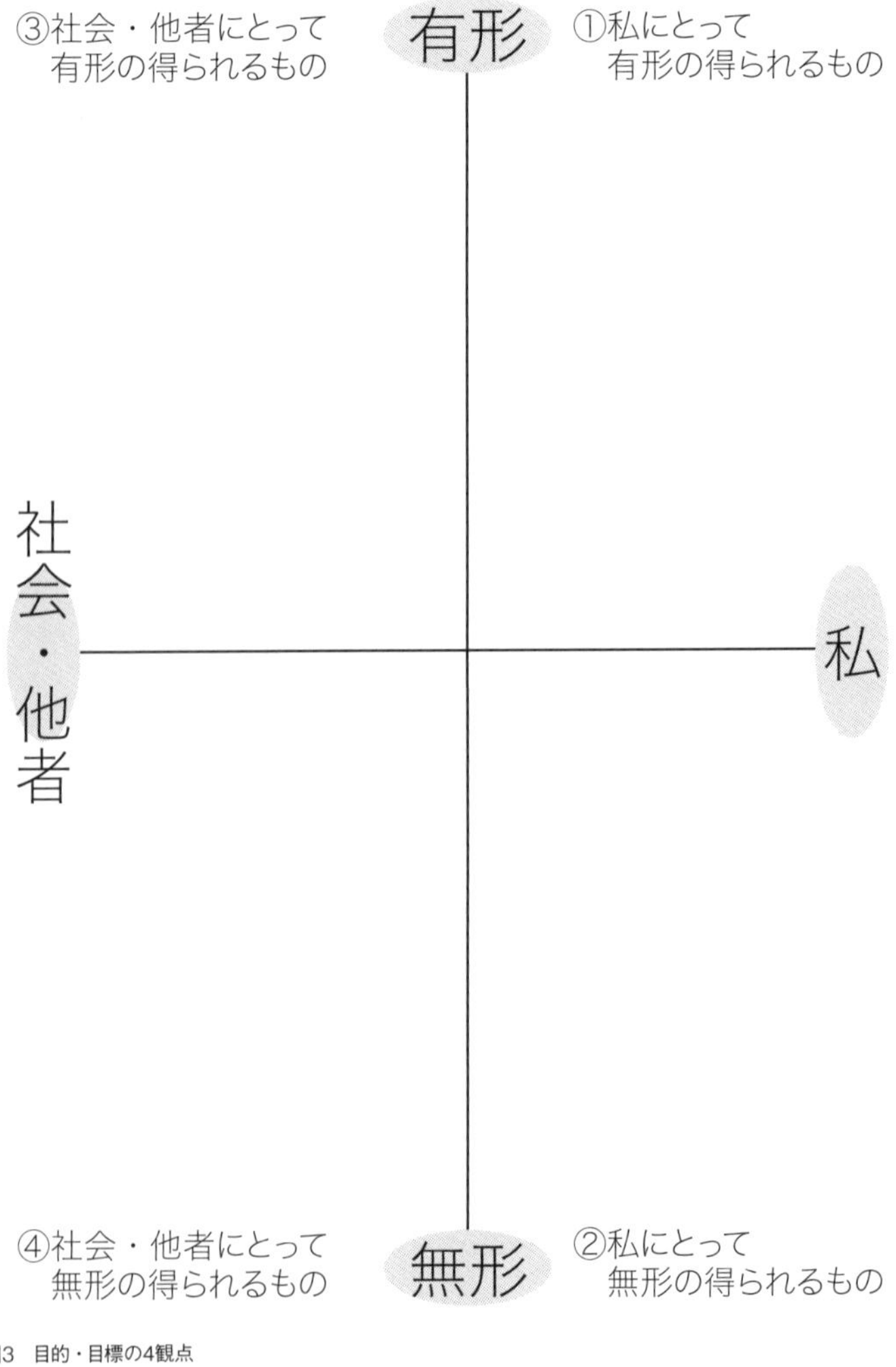
③社会・他者にとって
有形の得られるもの
有形
①私にとって
有形の得られるもの
社会・他者
私
④社会・他者にとって
無形の得られるもの
無形
②私にとって
無形の得られるもの

図3　目的・目標の4観点

から分析していくのです。

それぞれを説明していきます。右側の主語は「私」で、左側の主語の「私以外（社会・他者）」になります。

自分有形

有形とは「目に見えるもの」です。わかりやすいものでいえば、お金、順位、表彰状や記念品、メダルやトロフィーになります。仕事上の地位やスキル、成績、役割などでもいいです。

自分無形

無形とは「目に見えないもの」です。具体的にいえば、「気持ち」や「感情」です。「自分自身に誇りが持てる」「自信になる」「優越感に浸れる」など、目標を手にしたときに得られる感情を書いてください。「うれしい‼」「超ハッピー‼」など感情そのものを言葉にしてもいいです。

社会・他者有形

目標達成したら、ご家族などあなたがかかわる人たち、地域や社会の方々が手に入れられるものです。所属されているコミュニティや組織や会社の売上、ほかの人の成果にかかわるお仕事であれば、教えている人たちの成果、成績アップなど、かかわる人たちが手に入れられるものを思いつくまま書いてみてください。

社会・他者無形

ご家族などあなたがかかわる人たち、地域や社会の方々が手に入れられる無形のもの、つまり気持ちや感情を書いてください。かかわる人たちがどんな気持ちや感情になるのかを想像して書いてみましょう。

目標を達成することによって、得られるものが多ければ多いほど、思いの強さも比例して強くなります。これまでの目標達成では、右上の「自分有形」しか見てこないものが多かったのですが、この4観点では、目に見えない感情や気持ち、そして、他者にまで踏み込んで考えていきます。

この4観点をしっかりと書き出すことによって、自分ががんばることで、自分だけではなく、まわりの人たちも、物心両面で豊かにすることができるというのが見えてきます。

自分のことだけでは気持ちが折れやすいですが、イメージの世界でまわりの人たちを積極的に巻き込んでいってください。「どんな目標も決して自分ひとりの力で達成できるものではない」ということにも気づけます。

実際に達成したときには、まわりの人たちに心から感謝できるので、あなたもまわりの人たちを応援できるようになり、人間関係が強固になり、その方々と協力して、大きなことができるようになっていきます。

年中の幼稚園児から学ぶ4観点の事例

次ページの事例で使っている4観点は、原田先生のセミナーでご一緒させていただいた阿部恭瑛さんが指導されている年中の幼稚園児が書いた4観点になります。

「ピアニカでチューリップを吹けるようになる」という目標に対して、

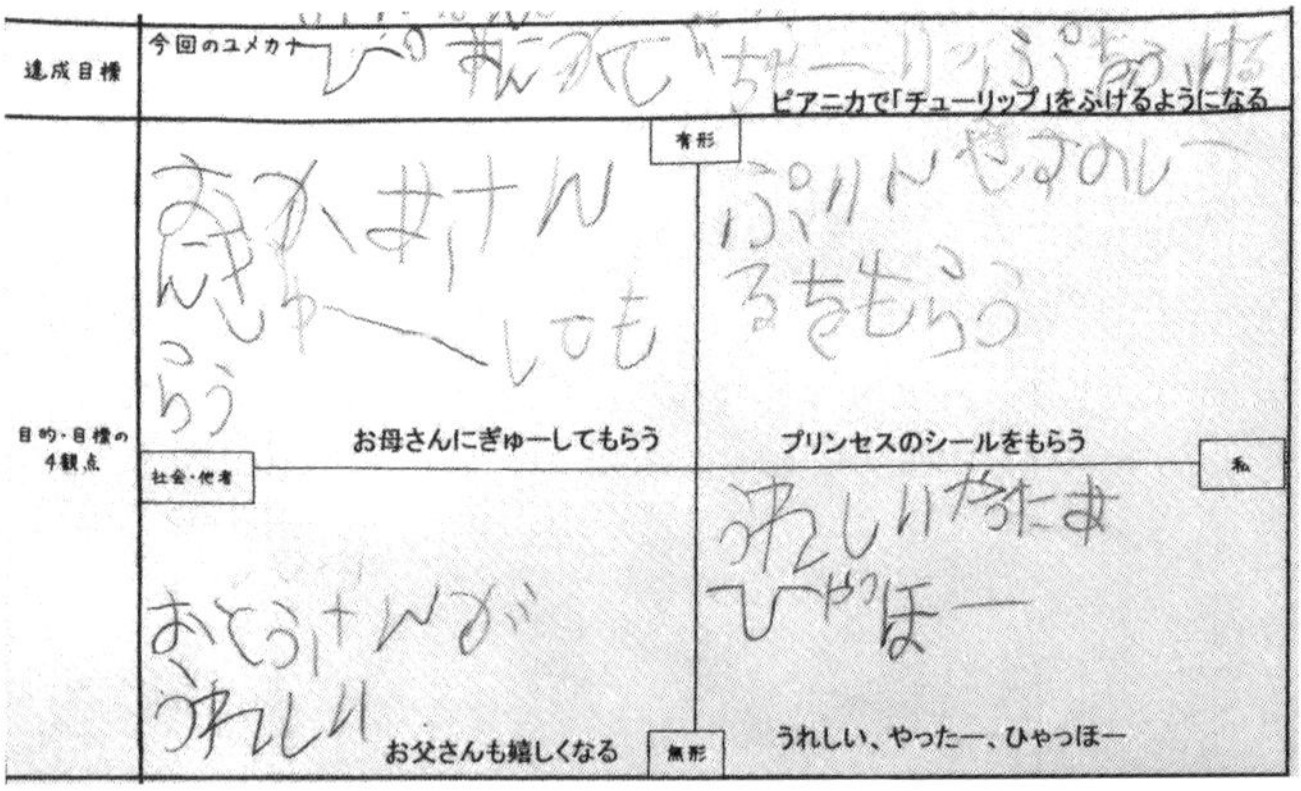

年中の幼稚園児が書いた4観点

(自分有形)
(私が)プリンセスのシールをもらう
(自分無形)
(私が)うれしい、やったー、ひゃっほー
(社会・他者有形)
お母さんにぎゅーしてもらう(お母さんが
ぎゅーしてくれる)
(社会・他者無形)
お父さんがうれしい

と、見事に4観点を書かれています。素晴らしいですよね。

年中の幼稚園児で書けるものを私たち大人が書けない理由はありません。**ぜひ、数を意識してたくさん書き出しましょう。**

ワーク 14

下の図に今回の目標の４観点を埋めて下さい。

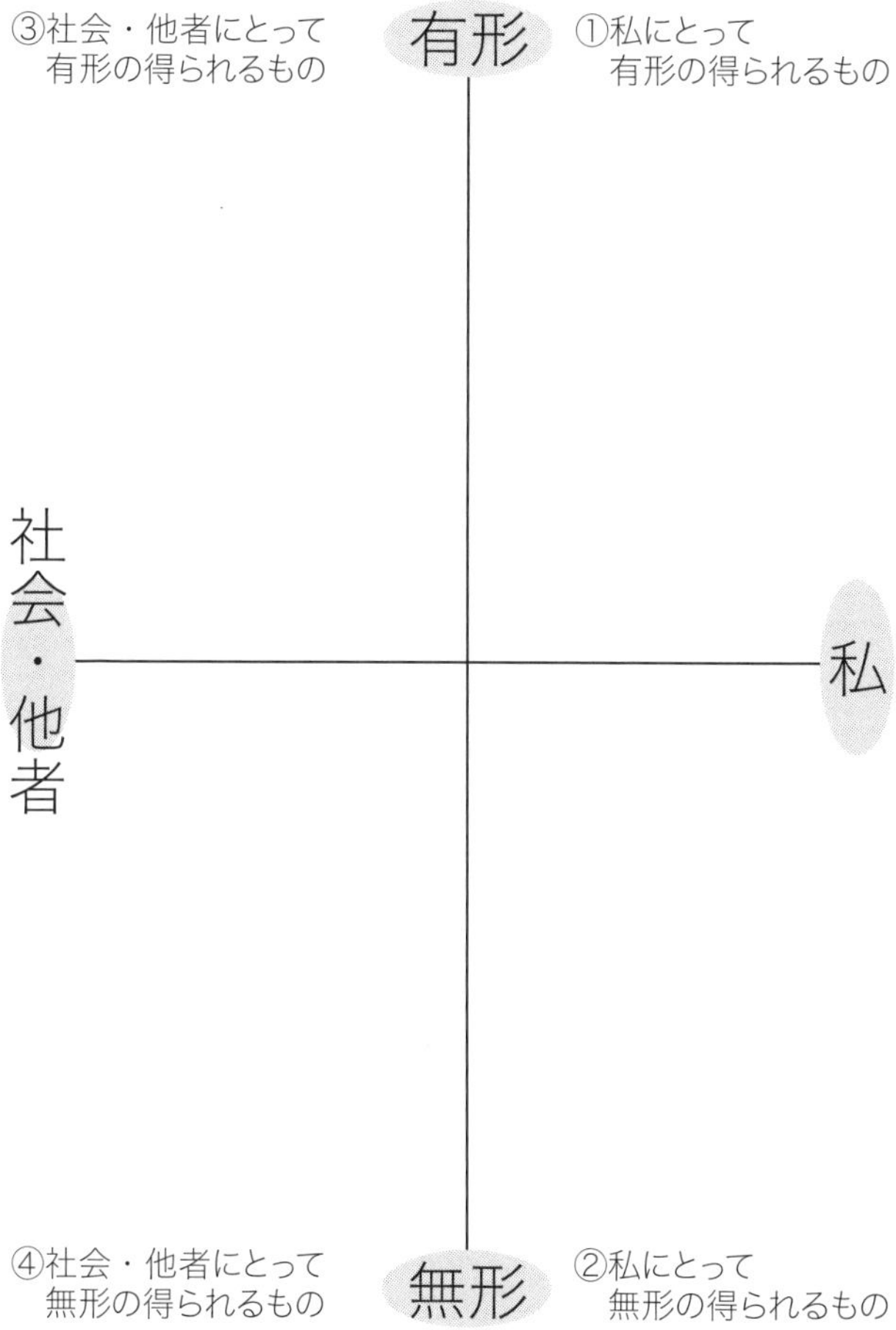

人は自分以外の人を考えると「力」を発揮できる

人は不思議なもので、自分よりも、自分以外の人のことを考えることによって、持っている「力」を発揮することができます。

ここでふたりで行なう体感ワークをひとつご紹介します。

1　AさんとBさんで向かい合って、まずAさんはBさんの両腕を体重をかけて両手で押さえます

2　Bさんは腕を上げてください。よほどの筋力差がない限りは、腕は上がらないはずです

3　Bさんは「私は自分のためにがんばります」と言ってから腕を上げてください

4　Bさんは「私は家族のためにがんばります」と言ってから腕を上げてください

5　Bさんは「私は地域のためにがんばります」と言ってから腕を上げてください

6　Bさんは「私は日本のためにがんばります」と言ってから腕を上げてください

7　Bさんは「私は全世界のためにがんばります」と言ってから腕を上げてください

8　Bさんは「私は全世界の子々孫々末代のためにがんばります」と言ってから腕を上げてください

2で上がらなかったものが、3、4、5と進むにつれて、Bさんは腕を上げることができるようになっていきます。ぜひ、ご家族、ご友人とやってみてください。

人はかかわる人数が多ければ多いほど、力を発揮できるような遺伝子、DNAを持っています。この力を使って、私たちの祖先は厳しい環境の中でも生き抜いて来られました。現代の私たちもこの力を受け継いでいるわけです。

だから、この4観点の左側が多ければ多いほど、その目標に対して、内側から湧いてくる力が強くなっていきます。この性質を使わない手はありません。

数が出てこない場合はどうすればいいのか?

この4観点で最初につまずくのは「数」です。「右上の有形はたくさん思いつくけれども、ほかの3つがなかなか思いつかない……」ということが起こるでしょう。

「書けない」というのは、それだけ伸びしろがある、という捉え方をしていただきたいのです。最初は右上だけでいいですし、ほかの3つは思いつくだけでいいです。でも、やっていくうちに見えてくるのです。

たとえば、あなたが営業マンだとして、日々の売上目標に向けてがんばっていることを応援してくれる人が現れたとしましょう。すると、あなたの目標達成は、あなただけのものではなくなり、その応援してくれる人も巻き込んだものになります。

こんな項目を追記できるでしょう。

右上に「達成したボーナスで、応援してくれた高橋さんに三代目魚熊のコース料理をごちそうすることができる」。

左上に「高橋さんが三代目魚熊のコース料理を食べられる。高橋さんが三代目魚熊の山田さんとつながる」「高橋さんが山田さんとつながって、高橋さんのご家族やお友だちが三代目魚熊に来るようになる」「三代目魚熊の売上が上がる」。

左下に「高橋さんが喜んでくれる」「高橋さんが自分のことを誇りに思ってくれる」「高橋さんが三代目魚熊のおいしい料理に舌鼓を打って、幸せな気分になっている」「山田さんは売上が上がって喜んでいる」というものが出てきます。

同時に右下に「高橋さんが自分のことを誇りに思ってくれていてうれしい」「三代目魚熊の売上アップに貢献できてうれしい」という項目を書き加えることができます。

こうやって、ひとつの項目を増やすことによって、ほかの3つの項目も増やすことができます。「これ、書いてもいいのかな……」などという遠慮はいりません。まずは書いてください。取捨選択は頭の中でするのではなく、書き出してから取捨選択してください。

ワーク15

ワーク14でやった4観点の数を各項目3つ以上増やしてください。

あいまいな言葉を使わずに言い切る

未来のことは誰にもわかりません。わからないものに対しては不安を感じると思います。私もそうでした。失敗したくないから、傷つきたくないから、言い切らずにあいまいに濁していました。

「達成できたらいいな」
「できたらいいと思います」

こんな言葉を使って目標を表現していました。

自信がなかったし、もし、達成できなかったら、もっと自分を信じられなくなると思って、達成できなかったときのための予防線を張っていたのです。

でも、あいまいに濁したり、予防線を張ったりするということは、頭の中で失敗をイメージしているわけです。当然、失敗が現実化されます。

断言するのは怖いです。断言してしまったら、それを「やらなければならない」という義務感に襲われるかもしれない。いろいな不安があなたを襲ってくるでしょう。

でも、考えていただきたいのです。このまま不安に怯《おび》えたままで一生を終えていくのか、それとも、失敗するかもしれない、自分を傷つけることになるかもしれないけれども、「どうしてもそれをやりたい、成し遂げたい」と思うのか。

この本をここまで読んでくださっているあなたは、当然後者のはずです。

確かに、失敗に対する不安は大きいです。

でも、不安になるということは、未知の世界への挑戦になるということです。もし、結果が確実に出るとわかっていたら、不安になることなんてありませんよね。でも、自分ができる範囲のことをやっているだけなので、そこに成長はありません。

成長がないということは、同じ時間とエネルギーを割いているにもかかわらず、「力」がついていることにはならないので、成し遂げたいと思うことを現実化させることなんてできないのです。

だからこそ、不安かもしれないけれど、断言する。

断言することによって、失敗を受け入れる覚悟も同時にできます。逆に言えば、断

言できないということは、「どうしても手に入れたい、成し遂げたい」と思うようなレベルになっていないということです。

だからカンタンにあきらめることができます。あなたがあきらめることによって、その被害はあなただけのものではとどまりません。4観点で掲げた、まわりの人たちが得られるものも同時に失うことになります。

苦しくなることもあります。でも、その苦しみはあなたを成長させるために、「力」をつけさせるために訪れてくる苦しみです。絶対に必要なものなのです。

あなたが「力」をつければつけるほど、幸せにできる人たちの数も増えていきます。あなたが多くの人を幸せにする姿を見て、あなたに憧れて、「あなたのようになりたい」と思う人も絶対に出てきます。

怖いかもしれません。「もし、達成できなかったらどうしよう」と思う気持ちもよくわかりますが、失敗したり、達成できなかったとしても、それはそのときに考えたらいいのです。

「もし、もう一度やり直せるならどうする？」

と問いかけて何が足りなかったのか？　どうすればよかったのか？　それを見つけて、再度トライすればいいのです。何度でも何度でもトライすることはできます。だから、失敗を恐れずに断言してください。

目的・目標設定が終わったあとの落とし穴

こうやって、目的や目標を書き出したときは気分上々で「なんでもできる！」という気持ちになっていることが多いです。しかし、この気分上々となっている状態が落とし穴になることがあります。

その気分上々のまま、第一歩を踏み出したらいいのですが、目的や目標を書き出すことがゴールになってしまっていると、その気分に浸るばかりで、第一歩を踏み出さないのです。

目的や目標を設定したら、すぐに行動するかと思うかもしれませんが、人はひとつ達成すると、自分に甘くなるという性質を持っています。これを心理学では「モラルライセンシング」といいます。

たとえば、私がダイエットをしていたときのことです。カロリーを抑えるために、朝ごはんを抜き、ランニングなどの運動をやっていました。「朝ごはんを抜いて、ランニングもやった」という達成感があるので、こんな思考が生まれてきます。

「朝ごはんを抜いて運動したんだから、カラダに栄養が、特に糖分が不足している。だから、お昼ごはんをしっかりと食べて、糖分不足を補うために、デザートも食べないと……」

と、自分に甘くなったりします。

セミナーなどでこの話をさせていただくと、多くの人からも「私も同じ経験があります」という反応をいただきました。

このように「何かを達成すると自分に甘くなる」という性質を多くの人が持っているのです。

「過去を振り返ってみても、そんな経験はない！」という場合であっても、「ひょっとしたら、自分もこういう性質を持っているんじゃないか」と意識しておくだけで、モラルライセンシングを避けることができます。

目的・目標設定の際に、このモラルライセンシングを避けるためのテクニックとしては、設定して終わるのではなく、書き終わったあとに、すぐにでもできる行動をひとつ設定しておいて、それを実践していくことを提案しています。

たとえば、「目的・目標設定した紙を目につくところに貼り出す」という行動をとる。「えっ⁉ こんな小さな行動でいいの？」と、思われるかもしれませんが、その小さな行動で十分です。

その用紙を見るたびに、貼り出したときの気分上々の自分を思い出すことができ、そのエネルギーを行動に変えていけばいいのです。

ワーク16

次の空欄を埋めてください。

私が自分に甘くなった経験は（　　　　　　　　　）でした。

今なら（　　　　　　　　　）によって回避できます。

結果はすぐには出てこない

目的・目標を書き出したときは、それを達成したイメージができ、必ず実現できるに決まっていると、気分上々になります。**しかし、現実はきびしく、残念ながら結果はすぐに出るものではありません。**

ビジネスにおける売上、スポーツにおける勝負、入試など、これらの結果は、自分だけの力ではコントロールできません。

「3億円売り上げたい」と言っても、その売上を運んで来てくれるのは、お客さまです。

「スポーツで日本一になりたい」と言っても、同じように日本一になりたいと思っている対戦相手がゴロゴロいるわけです。

「この学校に入りたい」と言っても、決められた枠の中で、同じように入りたいと思っているほかの受験生との競争に勝たないといけません。

残念ながら思った通りに結果なんて出てきません。

でも、その結果を出すための情熱やひたむきさは、自分でいくらでもコントロールできます。その結果を出すための力を日々の中で磨いていかなければなりません。結果を出すために情熱を持ってひたむきに取り組む経験は、未来の自分にとって、必ず宝物になります。

新しいことに挑戦したら、たくさんの壁にぶつかります。その壁があまりに高くてあきらめそうになったときは、思いを試されているタイミングです。「力」が足りないことを嘆くことなく、今できることに全力で取り組んで、「力」をつけていって、壁を乗り越えていった人たちが、目標を達成し、描いた未来を現実化させているのです。

4観点で書いていただいたように、あなたの目標はあなただけのものではありません。あなたの未来は、あなた以外の方々の未来にもつながります。

ご家族が喜べば、ご家族のまわりに次のプラスの連鎖が生まれます。会社の売上アップに貢献したならば、その売上でほかの従業員さんたちの給料が支払われたり、そのお金を使っての次の連鎖を起こしたりすることができます。

目的・目標を立てる際には、最初から4観点の左側、つまり「社会・他者への貢献」項目を入れておくと、自分ががんばって目標を達成したときには、「自利即利他」で、まわりの人たちもプラスに変わっていくのです。

目標をあきらめるタイミング

心が折れそうになる場面が何度も何度も出てくると思います。映画やドラマや小説の主人公だけでなく、現実に大きな成果を出している人は、その心が折れそうな場面でも、なんとか踏ん張って前に進んだからこそ、大きな成果を手にしたのです。「絶対に成し遂げたい」、いや「絶対に成し遂げる」という強い思いが、彼らを支えていたのです。

「そんなのただの精神論じゃないか⁉」

と、思われることでしょう。

そう、精神論です。でも、一般的な精神論は目に見えない頭の世界で行なわれているものですが、ここでは違います。書き出すことによって、文字化することによって、目に見える形にしています。

目標をあきらめるタイミングはふたつあります。

ひとつは期限切れです。年齢制限がある試験や大会への参加資格を失ったら、目標達成は不可能です。

もうひとつは、4観点に書かれているものを見ても、胸のあたりが温かく、いや、熱くなってこないときです。もしそうならば、その4観点へのあなたの思いは冷めてしまっています。

義務的なものに感じてしまっているので、きっぱりとあきらめて、また新たな目標を立て直してください。義務を達成したところで、大きな喜びは得られないでしょう。むしろ、「目標＝義務」という悪い暗示を自分に植えつけることになってしまいます。

その際、「目標達成ができなかった……」と、思う必要はありません。「この目標は自分が愛情を持つほどのものではなかった」ということがわかっただけでも収穫です。

そうやって挑戦を繰り返していくことで、本当に自分がやりたいこと、やるべきことというのが見えてきますし、目標設定の精度も上げていくことができます。

誰に遠慮することはありません。あなたの人生なのです。「できないかもしれない」「そんな失敗した自分を直視するのはイヤだ」――怖いですよね。でも、その怖さをずっと持っているから、それが現実化してしまっているのです。

そんな自分から卒業したくて、あなたはこの本を手に取ったと思います。だからこそ、書き出すことにチャレンジしていただきたいのです。そして、書き出したものを眺めてみてください。

ご自身のこと以上に他人を思いやるあなたですから、4観点の左側を書き出せば書き出すほど、それはあなたの情熱へと変わり、その情熱が行動へのエネルギーとなって、あなたを前に進ませてくれるのです。

ワーク17

第3章を読んでの気づきや感想を文字化してください。

（追記）本章で取り上げた「目的・目標の4観点」は、原田式メンタルトレーニングでの学びがもとになっています。より詳しく学ばれる場合は、次の3冊をおすすめします。
『最高の教師がマンガで教える勝利のメンタル』（原田隆史、日経BP）
『書いて鍛えて強くなる！　原田式メンタル教育』（原田隆史、日経ビジネス人文庫）
『「常勝メンタル」強化の技術』（川阪正樹、セルバ出版）

第4章

現実化するまで行動を継続させる秘訣

行動できないことを認識する

目標は決まった、行動計画も立てた、あとはそれを順々にやっていったらいい、となるのですが、不思議とこれができないものです。

「やったらいい」と、わかっているのに、言い訳を作って、明日へ明日へと先延ばしにしてしまう。そして気づいたら行動が止まっていて、いつの間にか元の自分になっていて、「その方法ではダメだったんだ……」と、また新しい方法を探し求める。

新しい知識を学んで「できなかった……」という経験を積み重ねているので、元の自分に戻っているどころか、マイナスになっていると言ってもいいかもしれません。

結果を生み出すのは行動です。そして、その行動を生み出すのは思考です。思考は目に見えません。だから、「文字にして目に見える形にする必要がある」と第1章でお伝えしました。

では、「目に見える形にできたら、必ず行動できるようになるのか」というと、実はそんなことはないのです。

確かに2～3日は意識の部分で行動できる人も多いのですが、「三日坊主」といわれるように、だんだんと行動が止まっていってしまいます。

これまでの自分は行動ができていなかったわけです。それが目標を明確にしたから、行動計画を立てたからといって、行動できる自分に変わっているなら、みんなが成功しています。

では、どうやって、その「行動できる自分に変わる」ことができるようになるのか。この章ではここを突き詰めていきます。

人間は現状を維持したい生き物

人間は、というより、無意識部分の思考は現状維持が一番安心です。これを「現状維持メカニズム」といいます。

なぜ現状維持メカニズムが生まれたかというと、私たちのご先祖さまに起因します。

古代の昔、情報がほとんどない中での生活では、山をひとつ越えた先に何が待っているのかわかるはずもありません。

未知のところに飛び込むのは命がけだったわけです。

農耕が始まり、安定して食糧を得ることができるようになったのが約1万年前。それまでは狩猟や木の実の採集などで食糧を手に入れていました。その期間がどのくらいかというと、人類誕生が600万年前といわれているので、599万年間は、常にいつまで食糧が持つのかどうか、飢餓という恐怖を抱きながら生活を送っていたのです。

狩猟や木の実の採集が安定しているならば、飢餓の心配もなく生活ができます。だから、まず「自分の命を守るために動かない」という選択を599万年にわたってしてきて、それがDNAや遺伝子に刻み込まれて、現代を生きる私たちに引き継がれています。

もし、現状を維持せず、急に変わってしまったら、どうでしょうか?

たとえば、あなたが、昨日はとっても暗い人で、今日は信じられないほどはしゃぐ人で、明日は感情を爆発させ、怒りまくっている人になっていたらどうでしょう?

あなたのまわりの人たちだけでなく、あなた自身も相当戸惑ってしまいますよね。

身体面でも現状維持は働きます。暑ければ汗をかいて体温を下げようとしたり、寒ければ身震いして、体温を上げようとするでしょう。

これは、体温を一定に保とうとする現状維持の働きです。

つまり、この現状維持メカニズムの仕組みはあなたを守るために、できるだけ今のあなたの状態を維持しようとするのです。

これは自動です。現状維持メカニズムは自動的に働きます。

善も悪もありません。現状維持メカニズムの電源をオフにすることもできません。

そういうものだと割り切るしかないのです。

「新しいことに挑戦しても、気づいたらやめてしまっていた……」というのも、この現状維持メカニズムが働いているからです。

この現状維持メカニズムはあの手この手で、現状を維持させようとしてきます。

なぜ新しいことを始めると体調不良になるのか？

たとえば、新しいことを始めると体調不良になる人が多いです。

体調不良になったときに、どう考えるかというと、

「新しいことに取り組んで心身の疲れが出て、体調不良になったんだ。これは休みなさい、という天のお告げに違いない」

と言って、休むのです。

「健康が第一なんだから、体調不良になったら休む」というのは、当たり前に聞こえますよね？

でも、その「当たり前」が現状維持メカニズムの正体です。

体調不良はもっともらしい理由ですけど、ここで休んでしまうと、せっかくつちかっ

てきたものが一気に始める前に戻ってしまいます。

体調を崩したとしても、本当に自分を変えたいと思うなら、小さなことでいいので、その体調でできることを続けなければいけないのです。

体調を崩してでも取り組んでいると無意識部分の思考もだんだんと行動しているほうに慣れてきます。

体調を治すのを最優先にしながら、同時にその体調でもできることにトライしつづける。

「ストイックだ……」と思うかもしれませんが、あなたにそう思わせて、「がんばらなくてもいい」という発想にさせるのも現状維持メカニズムの仕業なのです。

まず取り組むべきは、現状維持メカニズムを行動する自分に慣らすことです。

新しいことに挑戦したら、いろいろと現状よりマイナスなことが必ず起こります。

そのマイナスなことは、現状維持メカニズムに自分が試されていると思ってください。小さなことでもいいので、行動を続けていくことによって、だんだんと無意識部分の思考も成長していこうとクセづけされていきます。

では、現状維持メカニズムを行動する自分に慣らしていくにはどうしたらいいのか？

その方法を次項からお伝えしていきます。

ワーク 18

これまでの人生を振り返って、新しく始めたけれど途中でやめてしまったことをひとつ挙げてください。そして、やめてしまった理由もあわせて書いてください。

「思即実行」に慣れるエクササイズ

もちろん、目標に向かっていきなり行動するのでもいいのですが、目標に向かう行動は、未知のものも多いために、相当なストレスを抱えるものになります。

未知のものにトライしようとすると、現状維持メカニズムが働いて、やらなくてもいい、都合のいい言い訳をどんどん用意してくれます。そして、その言い訳に従ってしまう、ということを先ほど書きました。

それを防ぐためにも、まずは「思ったことはすぐに行動に移す」というクセづけを作っていきます。

たとえば、部屋の掃除をずっとやろうと思っていたけれども、なかなか手がつかないという経験はないでしょうか？

おそらくこれを読まれているあなたは、一度始めたら中途半端で終わらせるのがイヤで、そのイヤなことを経験するくらいなら、「最初からやらない」という選択をしてきた経験もあるかと思います。

つまり、「完璧にできることじゃないとやらない」というクセづけになっているので、これを「思ったことはすぐに行動に移す」というクセづけに変えていきます。

私はこれを「思即実行」と言っています。思ったことを即実行するのです。思考を現実化させる人たちに共通しているのが、「スピード」です。「これは」と、思ったアイデアを形にしていくスピードがとにかく速い。

たとえばセミナー中に、ひとつでもアイデアが思い浮かんだら、講師の話はそっちのけで、そのアイデアを即実行できるレベルにまで落とし込んで、トイレに行くフリをして、外に出て部下の人に電話をしています。

彼らにとっては、セミナーとは、「何かを学ぶ場」ではなく、「アイデアを思いつかせるための場」という定義で臨んでいるので、それができるわけです。

彼らのように「思即実行」の力がつけばつくほど、できるかできないかを考える間もなく、行動に移すことができます。

では、あなたにも「思即実行」を体験していただきます。

この本を読まれている状況が電車の中なのか、ご自宅なのかはわかりませんが、ひとつだけほぼ全員に当てはまることが、「首を下に曲げている」ことだと思います。

いかがでしょうか?

では、そのまま首を限界まで下に曲げてください。下に曲げたら、次は首を限界まで上にそらしてください。上にそらしたら真ん中に戻してください。

まわりの目が気になるかもしれませんが、大丈夫です。まわりから見たら、「首が疲れてストレッチをしているんだな」と思うくらいですし、そもそも、人はそんなに他人のことを気にしていません。

さて、即実行していただけましたか?

おそらく、まだ実行されていないかもしれません。「なんで首の上げ下げをやらないといけないの?」と、頭でやる理由を考えたはずです。これがセミナーであれば、首を上下に動かすという空気ができているので、それに合わせて首を上下に動かすでしょう。

でも、読書しているときには、基本的にはひとりですから、やったかやらないかを知っているのは、あなただけです。

もし、やってくださった場合は、なぜやったのかを考えてみてください。逆にやっていなかったとしたら、なぜやっていなかったのかを考えてみてください。

理想は考えたことを文字に書いてみるといいのですが、その環境にない場合は、頭の中で考えるだけでも大丈夫です。

「首を上下に動かすことになんの意味があるんだ?」と思ったのであれば、「自分は意味のない行動はしない」「意味を見つけたときにだけ行動する」というクセづけができています。

「とりあえず解説を読んでみて、意味のあるものだったらやろう」と、思ったのであれば、「解答がないものに対してはすぐ動かない」というクセづけができています。

どちらも「思ってもすぐに行動しない」というクセづけが無意識のうちにできているわけです。やってみて「これは意味がない」というのと、やってもいないのに、「これは意味がない」というのとでは、結果として、行動力に雲泥の差が出てきます。
思ったことはすぐにやる。「書いてある通りにやってみよう」と思ったらすぐに行動に移せる瞬発力が、やがては現状維持メカニズムも変えていきます。

ワーク19

次の空欄を埋めてください。
ワーク7で設定した目標達成に向かってすぐに行動できることは、
（　　　　　　　　　　　　　）です。
記入後、空欄に埋めたことをすぐに実践してください。

行動は最大の暗示

「行動は最大の暗示」という言葉があります。暗示というと、「私はできる、できる」と、自分に言い聞かせることだと思っている人が多いのですが、実際、言葉による暗示なんて、ほとんど効果がありません。

もともと「できていない」人が、自分に「できる、できる」と、言い聞かせるだけで、できるようになるわけがありません。もし、それでできるようになるのであれば、誰もが自分のやりたいこと、なりたいものを実現させているはずです。

でも、思ったことを現実化させるためには、現実化させるだけの「力」を身につけなければなりません。その「力」を身につけるためには、「行動するしかない」というのは、ここまでで何度も書いてきたことです。

「私はすぐに行動する人間だ」と、いくら口で言っていても、その通りに行動していなかったら、「『私はすぐに行動する人間だ』と、口で言っているだけで行動しない人間だ」という暗示を自分にかけてしまうことになるのです。

最初から難しいことにチャレンジする必要はありません。まずは、簡単なことからチャレンジしていったらいいのです。簡単なことからチャレンジしていって、だんだんと「自分は思ったことをすぐに行動できる」という暗示を行動を通じて自分にかけていってください。

これを読まれるあなたは謙虚で、自分自身を冷静に見つめることができる素養をお持ちです。しかし、その素養があなたの行動力を削いでしまっているかもしれません。冷静に見つめることができる人は、「これをやったら」と、行動の対価を考えてしまう傾向があります。その冷静さはいったん脇に置いておいて、これからのワークにチャレンジしてみてください。

もうすでに「思ったことをすぐに行動できる」自分になっている、というのであれば、次の章へ進んでください。でも、ほんの少しでも、自分はまだ行動力が足りないと思われるのであれば、次項からのワークに取り組んでみてください。

やろうと思っていてやっていないことから手をつける

さっそくワークに入っていきます。

やっていただきたいのが、「やろうと思っていてやっていないことを3つ挙げる」です。目標に関係のない行動であってもいいので、「やろうと思っていてやっていないこと」

を3つ挙げてください。

たとえば、机の掃除、本棚の本を整理する、床を拭く、食器を片づける、洗濯物をたたむ、手紙を書くなど、身のまわりで、「やろうと思えばすぐにできるのだけど、やっていないこと」を行動に移していきます。

では、次ページの図4にそれを3つほど書いてみてください（ワーク20）。

行動を書いたら、そのまま予定日を書きましょう。予定日は、書いた当日から3日連続に設定してください。

「簡単なことだから3つまとめて1日でできちゃうよ」と思われるかもしれません。確かに簡単なことなので、やろうと思えばできてしまうことだと思います。

しかし、このワークの意図は、まとめて行動することではなく、「決めたことをやる自分を作る」というところにあります。「じれったいな」と思われるかもしれませんが、1日ひとつずつ行動していってください。

ワーク 20

下図を埋めてください。

実践したら花丸をつけてください。

やっていなかったこと	予定日	実践日

例

やっていなかったこと	予定日	実践日
1. 机の上を片づける	7/1	7/1
2. 部屋の掃除をする	7/2	7/2
3. 洗濯物をたたむ	7/3	7/3

図4　やろうと思ってやっていなかったこと

小さな行動をできた自分を認める

その予定日に実践したら、実践日の欄に実践日を記入して、行動・予定日・実践日の3つに赤丸をつけてください。

3日終わったら、大きな花丸をつけてください。

「えっ⁉　たったこれだけ？」と思われたかもしれません。そう、たったこれだけです。これだけなんですが、思い出してください。挙げた3つはこれまでやっていなかったことですよね？

これまでやっていなかったということは、「私はやろうと思っていることをやらない人間なんだ」という暗示を自分自身にかけていたことになります。

やろうと思っていたことを実践するんですから、簡単に達成できるはずです。簡単に達成できるはずなんですが、見くびってやらない。やらないから、達成されない。

達成されないとどうなるかというと、

「やろうと思っていることをやらない人間なんだ」という暗示に加えて、「私は簡単なことには挑戦しない人間なんだ」という暗示も自分にかけることになります。

足し算ができなければ、掛け算もできないように、簡単なことができない人に、難しいことは達成できません。

逆に小さな積み上げをしていくと、どういう暗示をかけることになるかというと、「自分は決めたことは実現できる」という暗示をかけることができます。

現実化させる「力」が強い人は、簡単なことであっても、手を抜かずに常に全力で取り組みます。さらに全力で取り組むだけでなく、「その行動から何を学ぼう」とか、「人にどう伝えていこうか」など、その行動からより多くの価値を生み出すことができます。

同じワークにチャレンジしているにもかかわらず、気持ちの持ち方ひとつで、得られるものも変わってくるのです。

この順番を間違えてはいけない

これまで多くの方から、「何をやってもうまくいった試しがない。だから、自分に自信が持てない」というご相談をたくさんいただいてきました。

お伝えしているワークは、このご相談をいただいた方々に提供したものになります。そして、全員が確実に達成されたワークになります。

「何をやってもうまくいかない」という人は、まわりの目を気にしている傾向が強いです。

他人から認められることによって、自分の存在価値を確認する傾向があるので、「こんな簡単な目標じゃ誰からも認めてもらえない」と、他人から認められるために、自分の実力以上の目標を立ててしまっているのです。

「なんでこんな簡単なことを……、バカにしているんですか‼」とクレームをつけられたことも何度もあります。もしかしたら、あなたも同じように思ったかもしれませんね。

そもそも、「何をやってもうまくいかない」という人は、毎日の通勤すらできないはずです。うまくいかないんじゃなくて、「うまくいかない」と、その人が思い込んでいるだけです。

もちろん、理想が高いからこそ、当たり前にできることに対して、「うまくいっている」とは思えないわけです。理想は高くていいのです。でも、理想と現実には当然ギャップがあることを忘れてはいけません。

その理想に近づくために、日々行動していくのに、常に足りない部分を見ていたら、それは「何をやってもうまくいかない」と、自分自身に暗示をかけることになります。

「たったこれっぽっちで……」と、小さな行動を認められない人が、大きな行動を認められるようになるはずがありません。たとえ、大きな行動で大きな成果を出したとしても、常に足りない部分を見ているクセをつけてしまっています。

自分では大きな成果を出したと思っても、この思考のクセを持っている人は、自分より大きな成果を出した人と自分を比べてしまいます。結果として、「自分はまだまだダメなんだ」と、自分で自分を落ち込ませているのです。

これは多くの人が陥りがちなワナです。

もちろん、他人との差をモチベーションにがんばれる人もいますが、そんな人は、「思考は現実化する」ことはすでに何度も体感されていて、この本を手に取るはずがないので、ここでは例外とさせていただきます。

陥りがちなワナを回避する方法

陥りがちなワナがわかったところで、そのワナをいかに回避していくのかがポイントになってきます。

できていないところ、足りないところを見るクセを変えていかないといけないのですが、こうやってお話しすると、「できていないところ、足りないところを見ないようにすればいいんだ」と、極端に受け取る人もいるのですが、それも違います。

できていないところ、足りないところを埋めていかなかったら、先には進まないわけです。

じゃあ、どうしたらいいのか？　ここで大事になってくるのが順番です。

まず、できたところを認めるのです。できたところを認めたうえで、できていないところ、足りないところを埋めていきます。

この「できたところを認める」ということをほとんどの人がすっ飛ばしています。自分ががんばってやったことを自分で認められない——多くの人が持っている思考のクセです。

この思考のクセを持っている人は、

「自分を甘やかしていけない。もっときびしくしないといけない。そんなもので満足してはいけない。常に上を追い求めなければいけない。もっと努力しなければいけない」

という価値観を植えつけられています。

誰に植えつけられてきたかを説明すると、それは1冊の本になるくらいの分量になるので、ここでは詳しくは扱いませんが、幼少期に触れた親や先生の価値観によるものが大きいです。

「〜しないといけない」と無意識に刷り込まれているのです。だから、「自分で自分を認めましょう」と言われると、心の中がざわざわとなるかと思います。

意識では自分を認めたいとは思っていても、無意識部分はそれに慣れていないので、抵抗してしまうのです。

「やろうと思っていたけれど、やっていなかったことを行動に移したら、丸をつけてください」と言われると、「そんな小さなことを」とか「意味あるのかよ」とか思ってしまったとしたら、自分で自分を認められないという思考のクセを持っている証拠です。

まずこれを改めていかないことには、大きな成果を出したとしても、他人と比較してしまって、いつまでたっても自分を認められるようにはなりません。

小さな行動を書いて実践して、「行動できる自分に慣れる」と同時に、「その小さな行動をした自分を認められる自分に慣れる」という一石二鳥のワークになっているのです。

取り組む前の感情、取り組んだあとの感情を文字化する

これは余裕があったらでかまいません。取り組む前と取り組んだあと、つまり行動前後の感情をノートでもいいですし、スマホのメモアプリでもいいですので、文字化していただきたいのです。

「めんどくさいな」
「やらなきゃな」
「自分が決めたことだからな」
「ホントに変わるのか怪しいけど、やってみないことにはわからないからな」
「やらないといけないのはわかっているけれど……」

行動前にはこのようなさまざまな感情が湧き出てきます。「思即実行」という言葉

の中には、感情を示す文字は入っていません。「これやろう！」と思ったら、即行動できる状態、つまり、感情なしに動ける状態を作りたいのです。

細かく言えば、思考は感情の影響を受けるので、感情なしに動ける状態は作れません。ここでやっていきたいのは、「やろう！」と思ったら、即行動できる自分を作ることです。

たとえば、道路に落ちているゴミを拾う、とします。「ゴミ袋を持ってないし……」「手が汚れるし……」「ゴミ箱を探すのが面倒くさい」「ゴミ箱がなかったらどうしよう……」など、いろいろな感情が出てくると思います。

取り組む前の感情を正直に書いていただいてから、書いた行動に取り組んで、取り組み終わったらすぐに、取り組んだあとの感情を記録しておきます。

取り組む前は「面倒くさい」と感じていたことが、取り組んでみたら、実は面倒くさいものではなく、むしろこれまでやっていなかったことができたので、「気持ちがラクになった」「もっと行動したくなった」などの感情の変化が確実に現れます。

ひょっとしたら、「やってみたけれど、なんの意味があるんだ？　これ？」と思うような感情の動きがあるかもしれません。どう感じるのかは、人それぞれです。「こうやって感じましょう」なんていう統一された答えなんてものはありません。

感情は行動をうながすキッカケになりますが、同時に、感情は行動を止めるキッカケにもなります。

あなたがどんな感情のときに行動を起こしやすいのか？　また、逆にどんな感情のときに行動をやめるのか？　文字化することによって、そのパターンが見えてくるのです。

やりたくない感情になったとしても、その感情に流されることなく、自らの意志によって感情をコントロールすることができます。

「面倒くさいな」「やりたくないな」という感情を認識できたら、これはこの章の冒頭でお伝えした、現状維持メカニズムによるものです。

意識は自らの成長のために新しいことに取り組もうとしていますが、現状維持メカニズムにとっては、新しくなることに対しては抵抗するわけです。

「面倒くさいな」「やりたくないな」という感情が現れたら、「これは現状維持メカニズムによるものだ」と認識できるようになれば、その感情に流されずに、行動することができます。

何度も何度も抵抗してきますが、その抵抗に負けずに行動しつづけていれば、やがて行動することが現状維持メカニズムになって、行動しないことに対して、抵抗するようになります。

たとえば、歯磨きに対して、「面倒くさい」と思うことはほとんどないはずです。逆に、歯磨きをしなかったら気持ち悪さを感じるはずです。この気持ち悪さが現状維持メカニズムによる抵抗です。

でも、子どもの頃を思い出してほしいのですが、歯磨きをするのが面倒くさくて、親から何度も何度も「虫歯になるから磨きなさい！」と強制されたことがあるかと思います。怒られるのがイヤだから、イヤイヤだけれど毎日歯磨きを続けていって、やがてはイヤがらずに歯磨きをするようになったはずです。

年齢を重ねるにつれて、外からの強制は減っていきます。むしろゼロの人も多いと思います。強制がないから、自分自身で強制しなければなりません。

これまでやっていなかったことをやるのは、抵抗が出るものです。その抵抗をつかむために、感情を文字化して自分のパターンを知っておく。パターンを知っておけば、これから先、新しいことにチャレンジする際に、現状維持メカニズムの抵抗をなだめながら、「思即実行」ができるようになっていきます。

文字量を増やして表現すればするほど、イメージが具体的になる

３日間のチャレンジを終えたら、もう３日間、同じことにチャレンジしていただきます。

行動は同じことなのですが、期限など条件や制約を入れて、文字量を増やして具体的に表現します。

たとえば、１１６ページのワーク20の事例では、

１　机の上を片づける

としていました。それに条件や制約を追加します。

１　朝起きてすぐに机の上を片づける

1日目の「机の上を片づける」に、「朝起きてすぐに」というタイミング（期限）を追加しています。

「朝起きてすぐに」という言葉が入ることによって、自分が朝起きてすぐに机の上を片づけている姿をイメージできるかと思います。

また、タイミングを決めることによって、「決めたことを絶対に達成しよう」という意欲も感じられるはずです。

文字にすると客観的に見ることができますが、あなたはこのふたつの事例を見て、どちらのほうがより実現されると思われますか？

おそらく文字量が増えたほうが実現性が高いと思われたはずです。文字量が多くなればなるほど、イメージがより具体的になるからです。

もっと細かく表現するなら、次のようになります。

1　朝起きてすぐに机の上を片づけて、机の上には何も置かれていない状態を作る

より具体的になってきましたね。

いきなり目標に向けて行動をするのではなく、まずはウォーミングアップとして、「やろうと思っているけれども、やっていない」ことから手をつけていく。

簡単にできるところから行動していくことによって、「自分は書いたことを実現できる、行動ができる人間なんだ」という暗示を自分自身にかけることができます。

それがだんだんと無意識部分の思考に反映されて、徐々に無意識部分の思考も「行動しないと落ち着かない」という状態になっていきます。

ただし、ゲームでも簡単にできるものはすぐに飽きが来てしまうように、この「やろうと思っているけれども、やっていない」行動についてもすぐに飽きが来てしまいます。

ゲームが徐々に難易度が上がって楽しさも増していくように、慣れてきたら行動の難易度をどんどん高めていってください。

ワーク 21

ワーク20で3日間やった行動を条件や制約を入れて文字量を増やして記入し、チャレンジしてください。

やっていなかったこと	予定日	実践日

今すぐできることをやると、行動が加速していく

今すぐできる、目の前にある小さな行動を積み重ねていけば、必ず目的地にたどり着くことができます。

仮にあなたが大阪の通天閣にいるとして、そこから東京駅へと移動することを決めました。現在地と目的地がわかっているので、次に決めるのは交通手段です。徒歩、バス、車、新幹線、飛行機など選択肢はたくさんあります。

ここでは新幹線を選択するとします。しかし、東京行きの新幹線は新大阪駅まで行かないと乗ることができません。通天閣から乗ることはできませんし、現代の文明では新大阪駅にワープすることもできません。

通天閣でじっと待っていても、新幹線がやって来ることはありません。だから、新大阪駅に向かうために、最寄りの動物園前駅まで歩いて御堂筋線に乗るわけです。

通天閣から動物園前駅まで歩くという行動をしたら、御堂筋線という徒歩より速い

スピードの乗り物に乗ることができます。行動が加速していることになります。新大阪駅に着いたら、さらにスピードが速い新幹線に乗って、東京駅という目的地にたどり着くことができます。

今すぐできることをひとつずつやることで、行動に加速がついて、目的地にたどり着くことができます。

しかし、中には御堂筋線に乗って、ひと駅しか進んでいないのに、電車から降りてしまって、「東京駅にたどり着いていない。自分には能力がないんだ」と嘆く人がいます。これだと永遠に東京駅にたどり着くことなんてできませんよね。

いきなりゴールが目の前に現れるわけではありません。目指すところが明確になったら、その都度、その都度できることが出てきます。そのひとつひとつの目の前に現れることを実践していったら、行動が行動を呼び、その行動に加速がついて、気づいたらゴールにたどり着いているのです。

目の前に現れることを「思即実行」で実践していく。その途中で、やらないほうがいい理由などたくさん思い浮かぶことでしょう。それらはすべて現状維持メカニズムによる、あなたを変えさせまいとする抵抗です。抵抗だとわかっていれば、あとはあなたの思い次第です。

小さな行動の積み重ねが、確実にあなたの現実化させる「力」を高めていきます。

その「力」がつけばつくほど、行動は加速していって、現実化するまでの時間も短くなっていくのです。

ワーク 22

第4章を読んでの気づきや感想を文字化してください。

（追記）本章で取り上げた「現状維持メカニズム」について、より深く学びたいと思われましたら、石井裕之さんが書かれた『人生を変える！「心のブレーキ」の外し方』（フォレスト出版）をぜひ読んでみてください。私の人生を変えてくれた一冊です。

第5章

自分を認める「自認力」があなたを変えていく

成果を出す人は小さなことに喜びを感じられる

「成果を出す人」というのは、どんなに小さなことであっても、それに喜びを感じられるクセがついています。

「味はそんなにおいしくなかったけれど、みんなと一緒に食べられたので、おいしい食事になった」

「今日もみんな健康で1日をすごすことができた」

「社員が誰ひとりとして休まずに仕事をしてくれている」

こういう小さな当たり前のことを当たり前と思わずに、感謝や喜びを感じることができます。こうした小さな感謝や喜びのひとつひとつが、未来の大きな感謝や喜びにつながっていることを知っているからです。

未来の大きな喜びや感謝は、今日を、いや、今この瞬間を未来の大きな喜びにつなげることでしか達成できません。だから、1秒1秒を、1分1分を、1時間1時間を、1日1日を丁寧に生きるべきなのです。

一方で、成果を出せない人というのは、小さなことに有り難みを感じることはできません。小さなことに意識を向けるのは、スケールが小さなことだと思ってしまうのです。

「これだけやっても、これしかできないのか。それに比べてあの人は……」

と、自分の行動を認められずに、他人と比べることを繰り返して、自分を傷つけています。

「そんなことない！」と認めたくないでしょうが、もし小さなことに感謝や喜びを見い出せているのであれば、「自分が変わらない……」「自分を変えられない……」などということに悩むことはないでしょう。

小さな変化の積み重ねが大きな変化です。逆に言えば、大きな変化は小さな変化の積み重ねの上にしか起こりません。

小さな変化を認められる自分になることによって、だんだんと大きな変化を認められる自分になっていきます。

私はこれを「自認力《じにんりょく》」と言っています。自認力がついていないと、途中で投げ出したくなるし、たとえ大きな成果を出したとしても、その成果に虚しさを感じてしまうということが起こります。

逆に、自認力がついていることによって、日々の行動に喜びを感じられるようになるし、成果を出したときに、その成果が自信となって、さらなる大きな高みへと自分を進ませてくれます。

本章では、この「自認力」の鍛え方についてお伝えしていきます。

すぐの成果を期待してはいけない

何か新しいことを始めるとすぐに成果を期待してしまうのが、私たちです。人間はラクして成果を手に入れたいという思いを誰もが持っています。また、世の中の広告には、「たった○日で……」という情報がたくさん出ているので、成果はすぐに手に入れられるものだと勘違いしてしまっています。

すぐに手に入れられる成果もあるかもしれませんが、それが自分の身についているものかどうかは、別な話です。

たとえば、学生時代を思い出していただきたいのですが、試験範囲が決まっている中間・期末テストでは、一夜漬けで成績を上げることは可能です。でも、範囲が決まっていない模試や本番の入試では、とても一夜漬けで成果が出るものじゃありませんよね。

何度もお伝えしていますが、思考が現実化しないのは、その「力」が備わっていないからです。中間・期末テストでは、高得点を取れる「力」を一夜漬けで手に入れることはできますが、人生においてはそうはいきません。

「これまでにお手軽簡単で成果を出してきた。だから努力なんて不要だ」と、思われるかもしれませんが、もし、本当にそうであるならば、この本をここまでは読んでいないでしょう。むしろ、「はじめに」を数行読んだだけで、本を閉じているはずです。

でも、ここまで読んでくださっているということは、「思考は文字化すれば現実化する」

というのは、その現実化させるための「力」を身につけるために、時間とご自身の行動、努力が必要だということを認識されているからですよね。

あなたが手に入れたいものは、すぐに消えてしまう実力でしょうか？　それとも、長期間にわたって、それこそ一生使える実力でしょうか？

おそらく後者だからこそ、この第5章まで進んでくれているはずです。

「期待は不満に変わる」と言います。すぐに手に入る成果を自分に期待してしまうと、成果が出せない自分に対して不満を感じて、だんだんと自分を信用できなくなり、結果として、「自分は何をやってもうまくいかない」という思考を現実化させる人間になってしまうのです。

ワーク23

これまでの人生を振り返り、時間をかけて手に入れた成果を文字化してください。

せっかちで「待てない」現代人

現代人はとかくせっかちになっています。たとえば、メールやＬＩＮＥを送ったら、すぐに返事という成果を求めている。「送った瞬間に相手はそのメールやＬＩＮＥを見てくれる」と勝手に思い込んでいるのです。

もしかしたら相手は寝ているかもしれないし、ほかの大事な用事の最中かもしれません。

それをすぐに返信がないと「無視された！」と思ってしまうほど、待つことに対しての忍耐力が下がっています。

これは物事を取り組むことにおいても同じで、成果が出るまで待つ忍耐力がないので、すぐにやめてしまって、結果として継続できない……となります。

取り組みはじめてすぐに成果が出るのであれば、それはもともと、その成果を出すだけの「力」を身につけていたということです。だから、実は何も成長していないんですね。

逆に、成果が出ないということは、成果を出すだけの「力」を自分が身につけていないということです。だから、「力」を身につけるために、日々小さな努力を積み上げていくことが必要になります。

こう書くと「当たり前でしょ!!」と思われる方もいらっしゃるでしょうが、この「当たり前」が腑《ふ》に落ちている人が少ないのです。人間は弱い生き物です。やっていることに対して、手応えが感じられないと、行動に対するモチベーションが上がってきません。

そこで必要になってくるのが「達成感」です。

小さなことに達成感を覚えるクセをつける

達成感とは、何か成果を出したときに得られるものです。

その成果を大きなものに設定したら、大きな成果を出したときにしか、達成感を感じられません。

多くの人の行動が続かない原因は、この達成感を感じられないからです。目標が遠くにあればあるほど、達成感を感じるまでに時間がかかります。

では、どうすればいいのか？

小さな成果で達成感を感じられるように自分を変えていくのです。この章の冒頭に、「成果を出す人は小さなことに喜びを感じられる」と書きました。この状態を作っていけばいいのです。

たとえば、前章で決めた行動を実践したら、花丸をつけるというのは、これを体感していただくためです。

ここで必要になり、鍛えられるのが「自認力」というわけです。

前章でも書いたので、繰り返しになりますが、「小さな行動に達成感を覚える」は、これまでの自分では慣れていないことですから、それをやることに対して、反発が必ず出てくるでしょう。

その反発は現状維持メカニズムによるものです。成果を出す人たちの現状維持メカニズムは、小さなことに喜ぶことができるようになっているのです。逆に成果を出せない人たちは、小さなことに喜ぶことに対して反発してしまう。

なんで反発するようになっているのか？　それは子どもの頃に「そんな小さなことで喜んではいけない」という価値観を与えられているからです。

小さな成果では認められない経験

この項はカフェの一席で書いているのですが、ちょうどこれを書いている隣で、ひと組の母子がいます。子どもは小学校5年生か6年生くらいで、どうやら受験勉強の問題を解いているようで、それをお母さんが採点しています。

子どもは、「できたよ！　見て見て！」って、お母さんに採点を催促しています。子どもは満面の笑みでその採点を待っています。採点するお母さん、すべてに丸をつけたあと、ため息をついて、こう言うのです。


「ふぅ……こんな簡単な問題で満点取って満足するなんて……ほかの子たちだって、

このくらいの問題は満点は当たり前なんだからね。まったく」

「きびしいなぁ……」と思って聞きながらも、こういうことが多くの家庭で起こっているんじゃないかと思うのです。

私もひとり息子がいて子育てをしている身ですが、無意識に息子がやっていることを否定してしまっていることがあります。

息子がやるべき勉強をせずに、一生懸命にアニメのキャラクターの絵を描いていたときのことです。息子は一生懸命に描いたものを私に見せてきたことがありました。

本当だったら、一生懸命に描いたことや上達したことをホメたらいいのに、そのときの私は勉強していないというほうに視点が向いてしまっていて、

「なんで勉強しないで絵を描いてるの？」

と、言ってしまったのです。

私の思い通りに勉強をやっていなかったことを責めてしまったわけです。

これでは息子はこちらの顔色をうかがうようになってしまいますし、「絵を描くという小さなことは認めない」というこちらの思いを押しつけてしまっています。

それでもすぐに気づいて、

「一生懸命に描いてうまくなってるなあ」

とは言いましたけれど、あとの祭りでした。

「小さな成果では認められない」というクセがついている人とたくさん接してきましたが、ほぼ全員がふたつの事例のように子どもの頃に親御さんから、小さな成果を認められずに、より大きな成果を求められていたという経験を持っています。

その価値観で10代、20代、30代……と、時間をすごして来ているわけです。とても根強い価値観になっていますから、そう簡単に変えることはできません。だから反発も出てくるわけです。

でも、その価値観に気づいたのなら、変えていくことができます。小さな成果を認められる自認力を一緒につけていきましょう。

ワーク 24

私の体験談のように「認めてあげたらよかった」と思う経験を書き出して、「なぜ認められなかったのか？」という理由もあわせて書いてみてください。

自分で決めたタイミングで書く

自認力をつけるために、まずやっていただきたいのは、ノートでも手帳でもメモアプリでもいいです。毎日決めたタイミングで書く時間を作ることです。

朝起きてすぐでもいいです。夜の歯磨きが終わったあと、夜寝る前でもいいです。自分でタイミングを決めてください。

この決めたタイミングは、ほかの誰でもない、自分自身との約束です。大切な人との約束は何があっても守りますよね？　約束を守るということは、「その人を大切にしている」という暗示をかけているのと同じです。その大切な人の中に、あなた自身も含めてください。

他人との約束は守るのに、自分自身との約束は破ってしまう。破れば破るほど、「自分は自分を大切に思っていない」という暗示をかけることになるし、大切な人との約束を守れない自分自身を信頼できなくなります。こうやって自己嫌悪が作られていってしまいます。

タイミングを決める際、時刻で決めるのは、よほど意志の強さに自信がある方以外は、おすすめしません。なぜなら、時刻で決めてしまうと、その約束を守る難易度が高くなってしまうからです。

たとえば、決めた時間が飲み会の最中だったとします。その飲み会を途中で抜け出して、書いている自分を想像できるでしょうか？　アラームをセットしておいて、電話がかかってきたフリをして外に出るという手はありますが、「他人からどう思われるか気にしない」という鈍感力を持っていないと、これは難しいと思います。

なので、先ほども書きましたが、朝起きてすぐ、歯磨きのあと、お昼を食べたあと、夜寝る前など、普段やっている行動とセットにしてください。

なぜ寝る前に書くことをすすめるのか？

私は朝に書く習慣ができていますが、書く習慣がない場合は、これまでの指導の経験上、夜、寝る前の時間をおすすめしています。

寝る前に書くことによって、その日1日に起きた出来事を振り返ることができ、スッキリして眠りにつくことができるからです。

睡眠については、何冊も本が出ていますので、詳しくは専門書を読んでいただきたいのですが、睡眠中にも脳は働いていて、記憶の定着には睡眠は不可欠だと言われています。

睡眠直前がイライラしていたり、イヤな気分だったりしていると、その日1日の記憶が、イライラやイヤな気分で定着されてしまい、翌朝の目覚めがよくありません。

翌朝の目覚めがよくなかったら、その日1日もイライラやイヤな気分ですごすことになります。イライラやイヤな気分でいると、目に入ってくるものすべてが、そのイライラやイヤな気分を増幅させるものになります。

そのイライラやイヤな気分をまわりに示したり、言葉にしてぶつけたりすると、まわりの人たちもイライラしたり、イヤな気分になります。

わざわざイライラさせたり、イヤな気分にさせる人に、積極的にかかわりたいと思う人はいないので、孤立していって、またイライラやイヤな気分を増幅させていく……。そして「誰も自分のことを理解してくれない」と被害者意識が強くなって、1日をすごして、また眠りについていく。

読んでいてイライラしてきたかと思いますが、多くの人がやりがちな思考を文字化してみました。

こんな負の連鎖を続けていったら、いずれ心がやられてしまいます。

しかし、これから紹介する項目を毎日決まったタイミングで書くことによって、自認力は自然と上がっていきます。

なお、ここから先は寝る前に書くというタイミングで行なうことを想定して、お伝えをしていきます。

ワーク25

次の空欄を埋めてください。

私は（　　　　　　　　　）のタイミングで自分自身について書くことを自分に約束します。

できたことに目を向ける

ここからは、毎日書く内容についてお伝えします。

まずは、その日1日にできたことを思いつくだけ書いてください。

「できたこと？　なんだろう？」

自分にきびしく接してしまうあなたは、おそらくこんな風に思われたのではないでしょうか？

指導の経験上、自分にきびしく接してしまう人は、例外なく、できたことに目を向けるのが難しく感じられていました。

「こんなのできたうちに入らないよ」と無意識で判断してしまうんですね。本章の冒頭に書いたように、小さなことを認められるようになっていないと、できたことを書くのは難しくなります。

たとえば、「この本をここまで読んでいること」だってできたことに入ります。ほとんどの人は、本すら読まないし、読んでもせいぜい1章くらいまでです。それをもう5章まで読んでいるのですから、十分にできたことになります。

以前、「いやいや、本は最後まで読むのが、時間という命を賭けて書いてくれた著者への礼儀です」という方がいらっしゃいましたが、この方にとっては、本を読むのは当たり前のことなので、できたうちには入らなかったのです。

1日を振り返って、その当たり前をたくさん書き出してみてほしいのです。


「歯を磨くことができた」

「子どもにあいさつすることができた」

「配偶者にあいさつすることができた」

「いただきますが言えた」
「ごちそうさまが言えた」
「ひと口で50回噛んで料理を味わうことができた」

できたことに目を向けたら、たくさんあるのです。
たとえば、会社に行くことをひとつとってもたくさんあります。

「駅まで歩くことができた」
「電車に乗ることができた」
「電車で空いていた席に座ることができた」
「会社に行くことができた」
「会社の同僚にあいさつすることができた」
「同僚の成果をホメることができた」
「会社のパソコンに電源を入れることができた」
「溜まっていたメールに返信することができた」

私たちの1日は、意識できていないだけで、たくさんの「できた」が積み重なって構成されているのです。

では、なぜ意識できていないのかというと、できたところに目を向けるクセができていないからです。そして、当たり前のことに感謝できるクセができていないからです。

なぜ「できた」のかを考えてみる

1日にできたことを書き出したら、そのうちのひとつに注目して、自分ひとりの力でできたものか、他人の助けがあったものかを考えてみてください。これは書き出してもいいですし、頭の中だけで考えるだけでもかまいません。

「できた」には、自分ひとりでできたものと、他人の助けがあってできたものの2種類があります。

「自分ひとりでできたもの」というのは実はそんなに多くありません。

たとえば、「子どもにあいさつすることができた」というのは、子どもがいなかったら成り立たないですよね。

たとえば、「歯を磨くことができた」はどうでしょうか？　自分ひとりでできるような感じがしますが、実はそうではありません。

歯を磨くために使った歯ブラシは、あなたが作ったものでしょうか？　口をすすぐためのコップはいかがでしょうか？　そのコップに水を入れるための水道の蛇口は？　水を運んで来てくれる水道管は？　そもそも、その水を安心して口に入れることができるのは？

逆に、もし、どこかひとつでも失敗していたら、どうでしょうか？

たとえば、水の安全性が担保されていなかったら、歯磨きなんてできませんよね？　その安全性を担保するために、日々見えないところで支えてくださる方々がいるからこそ、安心して歯を磨くことができます。

こう考えていくと、自分が「できた」ということの裏には、たくさんの顔も名前も知らない方々の支えや貢献があるということに気づけます。

こうやって意識的に小さな行動に感謝することができるようになると、だんだんと無意識に小さな行動にも感謝することができるようになります。

失敗「できた」と認められるか

失敗できたことも「できたこと」に入ります。

できたことを書き出すというワークをして、失敗できたことを書く人は、ほぼいません。「失敗＝できなかったこと」と定義しているからですね。

成果を出せない人と出す人の大きな違いは、この失敗の捉え方にあります。

成果を出せない人は、「失敗＝やってはいけないこと、恥ずかしいこと」と捉えています。一方で、成果を出せる人は「失敗＝学び」と考えています。

失敗で手に入れられるものは学びで、成功で手に入れられるものは報酬です。

何気ない言葉で人を怒らせてしまった経験を誰もが持っていると思うのですが、そうした苦い経験から改善していくのが学びとなります。

人は何かを失うときや後悔したときにしか学びがありません。思い出せない悔しさ、ネガティブな感情によって、記憶が刻まれていきます。

たとえば、受験指導に携わっている方々に、成績が伸びる子の特徴を聞くと、口々に言うのが、「模試のあとにすぐ見直しをしている」と言うのです。模試というのはその時点での実力が出るものであって、その時点で偏差値が高かろうが、合格圏内に入っていようが、そんなのは気にしないというのです。

気にするのは、その模試で解けなかったり、間違ったり、確信が持てなかった設問だと言うのです。成績が伸びる子たちにとっては、模試というのは成績を知るためのものではなくて、「現時点での自分の足りない部分を知るためのもの」という捉え方になっているのです。

成功するばかりだと、いつかその報酬を得ることに慣れてしまって、報酬が報酬に感じられなくなります。さらに、失敗という学びがないので、成長もありませんし、失敗を受け入れられるメンタルが育たないので、挫折にも弱くなります。

だから失敗はしなければいけないものであって、1日の中で、失敗の可能性が大きいもの、悔しさを感じたりするものに積極的に挑戦して、たとえできなかったとしても、それを「失敗できた」と、「できた」ことに含めていただきたいのです。

小さな行動を認め、失敗も認める。これを日々繰り返していくことで、確実に自認力はついていきます。

失敗したときにやってはいけないふたつのこと

失敗の扱い方によって、自認力は変わってきます。多くの人は、失敗の扱い方が間違っているので、自分を認めるどころか、「こんな自分は認められない」「自分を許せない」「自分はダメだ」などと卑下してしまいます。

それを防ぐためにやってはいけないことをふたつ書いておきます。

1　失敗を直視しない

失敗を直視しないのは、自分を客観的に見られない人や完璧主義な人がよくやりがちです。「他人からすごいと認められたい」という承認欲求が強い傾向があります。

完璧主義に陥っていると、「失敗できた」なんてとても書けません。失敗を認めたくないがゆえに書かなかったり、「こんな失敗をするのは自分じゃない」と、目をそらしたり、「今回はたまたま失敗しただけで、次は成功する」などと自分を過大評価するのです。

実はこう書いている私自身がこのタイプでした。「克服できているか？」と言われると、こうやって書いているくらいなので、以前よりは克服できているのでしょうが、長い間、この思考で生きて来ているので、完全に克服できたとは思えません。いや、むしろそう思っては慢心するだけなので、克服できたとは思わないようにしています。

失敗したからには必ず原因があります。もしかしたら、設定した目標が高すぎたのかもしれません。その原因を考えて、次の対策を考えることが学びにつながっていきます。

「失敗なんて気にするな！」とポジティブ思考になる人もいますが、失敗の原因を考えることもなく、気にしないで放置しておくのは、本当にポジティブといえるのでしょうか？

「こんな失敗をするのは自分じゃない、たまたま失敗しただけで、次は成功する」というのも同じです。「たまたま失敗した」というのであれば、成功するときも「たまたま」

の偶然性によるものになります。それでは現実化する「力」がついたことにはなりません。

2　より厳しい負荷を与える

これは自分に厳しい人に多いのですが、「失敗したのは、自分の負荷が足りなかったから」と言って、より厳しい負荷を自分に与える人がいます。

たとえば、毎日3キロ走ると決めていた人が走ることができなかったとします。そうすると、この3キロに足りなかった分を翌日に足して、2日間のトータルで6キロ走ろうと考えてしまうのです。

もちろん、同じ6キロですが、カラダに与える負荷は全然違ってきます。こういう無理を続けていると、走りはじめたそもそもの目的を見失ってしまいます。だんだんと走ることが苦しくなっていって、最終的には走らなくなり、「やっぱり自分はダメなんだ……」と、なっていきます。

走ることができなかったという事実を受け入れて、「その原因はなんだったのか」「それにどう対応していくのか」を考えることが自分を認めることにつながっていくのです。

もし、もう一度やり直せるなら

「では、その失敗への対策はどうやって立てたらいいのか？」となります。起こってしまった事実は変えることはできません。でも、その事実をどう捉えるのかは、あなた次第です。

そこで問いかけてほしいのが、この質問です。

「もし、もう一度やり直せるなら」

この質問を投げかけることによって、失敗を受けとめ、さらに、その失敗に対してどのような対応ができるのかを考えるようになります。

失敗に向き合わずにいると、「とりあえず失敗からは目をそらしておこう」と先延ばしすることになります。そのまま先延ばししておくと、次は失敗した事実をなかったことにしようとします。自分に都合よく水に流してしまうわけです。

水に流すだけなら、まだまわりに被害を与えないので、いいかもしれませんが、ひどい人になると、失敗の責任をまわりの人たちに押しつけるようになります。

「失敗したのはアイツが悪いんだ。アイツがこっちの言った通りにやらないから、失敗したんだ。自分は悪くない」などと言って、まわりの人たちに責任を押しつけるようなことをして、自分の価値を下げてしまうのです。

失敗から目をそらしたりしてしまうのは、その失敗によって、自分の価値がなくなってしまうという思い込みを持っているからです。失敗であなたの価値が失われることなんてありません。**むしろ、その失敗に向き合わずに、何度も何度も同じ失敗を繰り返すほうが価値を下げてしまうことになります。**

失敗しない人間なんていません。失敗は学びですし、失敗するということは、まだ現実化するだけの「力」が足りないだけのことです。

何が足りなかったのか、どうすればいいのか？　それを考えて、実践することによって、自認力も現実化する力も高まっていくのです。

何度も繰り返しますが、**失敗によって自分を責める必要なんてまったくありません。**

失敗した事実は謙虚に受け止めて、「もし、もう一度やり直せるなら」と考えて、その失敗を学びに変えていったらいいのです。

失敗したくて失敗する人なんていません。失敗して落ち込んでいるときに、「なんでそんなミスをするんだ！」「バカ！」と他人から言われたら、ますます落ち込みたくなります。他人がそうやって言ってくるのはコントロールできませんが、それと同調して、あなたがあなた自身を責める必要なんてまったくないのです。

他人に認められなくても、自分を認める

「自分で自分を認めるなんて、ただの甘やかしだ！」

もしかしたらこう思われるかもしれません。もし、こう思われるのであれば、「他人から認められる自分でなかったら、自分を認めることなんてできない」という考えを持っていることになります。

他人はコントロールできません。あなたも他人からコントロールされたらイヤな気分になるように、あなたが他人をコントロールしようとすればするほど、相手はイヤな気分になって反発してきます。

じゃあ、誰から認められたら、自分を認めることができるのでしょうか？　その誰かが、すでに亡くなっている人だったら、永遠に自分を認めることができなくなってしまいます。

他人が認めてくれなくても、自分が精一杯やったのであれば、それを認めてください。もし、精一杯やっていないというのであれば、その事実を認めて、次からは精一杯取り組んだらいいのです。

本当の甘やかしというのは、失敗を見て見ぬフリをして、そのままやりすごすことです。

「やりすごしていたら、まわりがなんとかしてくれる」。そう甘えているから、やりすごすことができるのです。

他人から認められたいと思っている人は、世の中にいっぱいいます。でも、認めてくれる人は少ない。だから、あなたがその人たちを認められる人になったら、あなたは希少価値のある存在となり、多くの人から求められるようになるでしょう。

でも、一番身近な存在である自分自身を認めることができないのに、どうして、他人を認めることができるでしょうか？　そんなことできるはずがありません。

自分のことを一番見ているのは、自分自身です。その自分自身が積み上げたものを否定するのではなく、ぜひ肯定してください。認めてください。自分を認めることに誰の許可もいらないのですから。

自分と他人を比べない

自分は他人ではありません。同じ花であっても、桜と菊が違うように、同じ人間であっても、あなたと他人は違うものです。

桜には桜だけの素晴らしさがあり、菊には菊だけの素晴らしさがあります。同じように、あなたにはあなただけの素晴らしさが備わっています。

だから比較しても意味がありません。比較するべきは他人ではなく、過去の自分です。

「隣の芝生は青く見える」という言葉があるように、人間は他人のほうがよく見えるようになっていますし、自分のことが客観的に見えません。

人はそれぞれ、たくさんの才能や素晴らしいものを持っているのに、それを見ようとせずに、自分が持っていない他人の才能に憧れてしまいます。それが、ムダに自分を責める第一歩になってしまい、自認力を失うことになってしまうのです。

自認力を飛躍的に伸ばすたったひとつの秘訣

本章の最後で自認力を飛躍的に伸ばす秘訣をお伝えします。この秘訣を実践できるかどうかによって、本当に無意識レベルで自分を認められるかどうかが変わってきます。

その秘訣とは、

「断定調で書く」

「断定調で話す」

ということです。

「～だと思います」「～だと感じます」という、あなた自身が主語になっている文章や会話では、あいまいな表現をすべて断定調で表現します。

表現は簡単なのですが、これがなかなかできるようになりません。私がやっているオンラインスクールでも、自分の意見に自信がなくなると、無意識のうちに「～だと思います」「～だと感じます」という言葉で語尾を締める人がいます。

ここを指摘すると、ふた通りの反応に分かれます。

ひとつは、断定調で自分の意見を表現すると、「まわりから叩かれるんじゃないか」という不安から言い切れなかったというもの。

もうひとつは、断定調で書いたつもりなのに、無意識で「～だと思います」「～だと感じます」と書いてしまっていたというものです。

「無意識で？　そんなバカな」と思われるかもしれませんが、講座を受ける前まで数十年間、言い切ることをやらずに生きてきたのです。無意識部分は言い切ることに慣れていないのです。慣れていないから、自信のない意見になると、無意識のうちに、元のあいまい表現を使ってしまっているのです。

たとえば、何か人から提案されたとして、こんな風に返した経験はないでしょうか？

「それ、いいですね。やってみようと思います」

いいと思うなら、なぜ「やります」と言い切れないのでしょうか？

「思います」というのは思っただけで、やると決めていないので、ほぼ行動に移しません。提案してくれた人に対して、いい顔をしようとしているだけです。

一方で、提案する人は言葉遣いひとつで、あなたが本気であるかどうかを判断します。このあたりは非常にシビアに判断されます。

日頃から断定することに慣れていないと、いざ決断を求められたときに、あいまいな返事をしてしまいます。そのあいまいな返事には覚悟がこめられていないので、やるといいながら、やりません。

一度やると言ったのに、やらないままでいるから、そんな自分がイヤになってきます。そうやって、自分を認められなくなっていきます。

だからこそ、普段から文章でも会話でも断定調で言い切ることを習慣にしてください。おそらく恐怖を感じるでしょう。それは当然です。慣れていないことをやるのですから。でも、「断定調で言い切った」ということも「できたこと」に加えることができるのです。言い切ったから取り組んだけれども、失敗に終わってしまうということも何度も何度も経験するでしょう。でも、その失敗のたびにあなたは確実に学びを得て、現実化するための「力」をつけているのです。

自転車に乗るのだって、最初から乗れたという人はほとんどいません。何度も何度も転んで、転ぶことによって、自分のバランスを身につけて、自然に乗れるような自分へと進化していきます。

毎日毎日できたことを積み重ねていってください。もし、失敗したとしても、「もし、もう一度やり直せるならどうする?」と問いながら、何度もチャレンジしてください。こうして、できたことを積み重ね、小さなことに喜びを感じられることが本当に身についたとき、あなたの現実化させる「力」もパワーアップしているのです。

ワーク 26

第5章を読んでの気づきや感想を断定調で文字化してください。

第6章

現実化させる「力」をつける学び方

現実化させる「力」がないからこそ学ばなければいけない

本書で一貫して言っていることは、次のふたつです。

「思考を文字化したら現実化する」
「現実化できていないのは、その『現実化させる力』がついていないから」

夢や目標は達成したら現実ですから、現実的にできることを積み上げて、その夢や目標を達成できるだけの「力」を持った自分にならなければいけません。

何もせずにただ思考を文字化しただけで、その思考が現実化するのであれば、みんな自分の願い事を叶えていて、幸せな人生を送っているはずです。

その「力」をつけるために自分ひとりだけで闇雲にがんばるという選択肢もありますが、現実化できない自分が闇雲にがんばったところで、「力」がつくはずがありません。

だから、本気で現実化させたいのであれば、人から学ぶということが絶対に必要です。本、ユーチューブなどネットにアップされている動画、直接セミナーやワークショップを受講するなど学び方は人それぞれです。

たとえば、受験であれば、参考書を買って、その参考書から学んでひとりでやるということもできれば、ユーチューブにアップされている予備校講師のコンテンツから学んでひとりでやるということもできます。塾に通うという選択肢もあります。

では、「授業の動画をたくさん見たから成績が上がるか」といったら、そんなことはありません。その動画を見て学んだことを、問題集を通してアウトプットしなければ、自分の「力」にはならないのです（中には、見るだけで成績が上がる天才児もいるんでしょうが、そんな天才児はこの本を読むとは思えないので、対象外としています）。

大事なのはアウトプット、つまり、学んだ知識を使ってみることです。受験では問題集など、学んだ知識をアウトプットできるものが用意されています。しかも、正解も用意されています。だから、行動することが簡単で、本当に自分のものになっているのかどうかも、すぐにわかります。

私たちは幼少の頃から、ひとつの答えが用意されている教育に慣れてきました。しかし、人生においてはその問題集に当たるものは自分で用意しなければなりませんし、正解も用意されていません。私たちひとりひとりが、自ら答えを創り出していかなければなりません。

だから、せっかく学んだとしても、何をやっていいのかわからなかったり、行動事例を示されたとしても、それが正解かどうかわからなかったりするので、行動ができないのです。

行動しないから当然、現実化することも「力」がつくこともないのですが、その現実化しなかったことを教えてくれた人のせいにしたり、「自分の実力が足りない」「自分の頭が悪いから」と自分を責めたりして、さらに行動できない要因を自らが作ってしまっています。

そんな状況に陥っている人のために、本章では現実化させるための「力」をつける学び方をお伝えします。

学びを「力」に変えられるかどうかは、学ぶ前に99パーセント決まっている

同じセミナーを受けているのに、その学びを「力」に変えられる人と変えられない人がいます。学校の授業でも同じ授業を受けているのに、成績が上がる人もいれば、上がらない人がいます。教える人はみんな受講者に成果を出してほしいと願っています。

では、なぜ同じ学びをしているのに差が出てしまうのでしょうか?

私もたくさんのセミナーを主催したり、逆に受講したりしていますが、その差が気になって、成果を出される方々に聞いてみました。

もちろん、「行動しているかどうか」というのも大きな違いでしたが、実は、学ぶ前に明確に現れていたのです。

どういうことか?

学びを「力」に変えられる人は、その学びから「何を得る」のかを明確に決めて、能動的な態度で受講されていました。逆に変えられない人は、「何か得られたらいいなあ」

という受動的な態度で、受講されていたのです。

これはセミナーを受けるときだけではなくて、本を読んだり、無料の動画を見る際も同じです。学びを「力」に変えられる人は、何を得るのかを明確に決めています。

「何が学べるのかわからないのに、学ぶ前から得るものを決めておくって、おかしくないですか？」

と疑問に思われるかもしれませんね。

「力」をつける人たちは、何を決めているのかというと、「目標に対する課題を解決するアイデアを得る」と決めているのです。

そのためには目標や課題が明確になっていなければいけません。

たとえば、コンサルタントを養成する連続講座では、初回にこんな人が現れます。

「今回の塾で学んだことをコンサルするという約束で、顧問契約を結んできました」

学ぶ前から契約を結んでいるので、「わからないということが許されない環境」に自分を追い込んでいるのです。さらに、受講中は学びをその顧問先にどう活かせるのかという視点で聞いていて、その学びを顧問先で実践して、次回に臨むということをやっています。

強制的にアウトプットする環境を作って学んでいるので、それは「力」もつきますよね。

逆に「力」がつかない人というのは、目標もあいまいだし、課題もあいまい。学べば勝手に「力」がつくと思っているし、学んだあとに考えればいいと思っています。そうなってしまうと、アウトプット先もないので、学んだ知識を使う機会もなく、宝の持ち腐れとなってしまいます。

ここまで真剣に読んでくださった人にだけ与えられる気づき

さて、この本をここまで真剣に読んでくださったあなたに質問です。

このワークだけは初回読みでも必ず行なってください。

ワーク 27

あなたは、何を得ることを決めて、この本をここまで読まれたでしょうか？

文字化してください。

「痛っ！」と思って、本を閉じないでくださいね（笑）。

あえて終盤にこの内容を持って来ているのは、その「痛っ！」という気持ちを味わっていただくという意図があります。

人は感情が動いたときにこそ、記憶されるという性質を持っています。もし、あなたが「痛っ！」と思ってくれたのであれば、ここの学びは強く記憶されています。「はじめに」から、ここまでの文章は、ここで「痛っ！」という気づきを持ってもらうために書いたと言っても過言ではありません。

もしかしたら、1回目は何を得るのかを決めて読まなかったかもしれませんが、何を得るのかを決めて、さらにワークに取り組みながら、2回目、3回目、4回目と何度も読んでみていただきたいのです。

一度読んだものは慣れがあるので、二度目はスラスラと読めると思います。

1回目と2回目、2回目と3回目、3回目と4回目、読むたびごとに違う気づきがあり、読めば読むほど味の出るスルメのような本だと思ってくださったら、学びが「力」に変わっています。

得ると決めたものを得るために、一番カギを握っている重要人物とは？

得るものを明確に決めてから、学びに取り組みます。では、質問です。その決めたものを得るために、一番カギを握っている重要人物とは誰でしょうか？

先生でしょうか？　講師でしょうか？　動画の配信者でしょうか？　本の著者でしょうか？

どれも違いますよね。そう、自分自身が一番カギを握っているのです。

これを私は**『主体者意識』を持って学ぶ**」と言っています。学びを活かすも殺すもすべて自分次第です。

主体とは、未来を提案し、率先して行動し、模範を示すことです。

では、その主体者意識は、いつから意識しはじめたらいいでしょうか？

思即実行でしたね。

そう、この瞬間、今から、です。

さらに質問です。その学びに対する主体者意識は何パーセントでしょうか？　10パーセントでしょうか？　50パーセントでしょうか？　それとも100パーセントでしょうか？

ぜひ100パーセント以上で臨んでいただきたいと思います。もし、100パーセントになっていない場合は、「自分ができないことを相手の責任にする」という意識が残っていることになります。

確かに講義や本の中身が面白くないのかもしれません。つまらないかもしれません。でも、その面白くないものをどうやって面白くするのかは、自分自身で決められることです。

「面白くない」「つまらない」と思ってしまうのは、「今の自分の価値観に合っていない」という理由がほとんどです。「面白いものばかりを学ぶ」というのは、今の自分の価値観を強化するだけです。「実は自分の成長につながっていない」ということに多くの人が気づいていません。

自分の価値観を広げるために、今の段階では興味のないものであっても、主体者意識を持って取り組んでみることをおすすめします。

主語を誰にするかによって変わる

現実化させる力が強い人たちは、例外なく主体者意識が100パーセント以上なので、起こる出来事のすべてを自分の責任として考えています。たとえ雨が降っても、雪が降っても自分の責任だと言います。

天気は自分ではコントロールできるものではありませんから、自分の責任と考えなくても、誰からも責められないと思うかもしれません。でも、彼らは、「その日に予定を入れたのは自分なんだから、自分の責任だ」と言うのです。

「天気が悪くなったのは、自分ではコントロールできないけれども、その状況下でどんな行動ができるのかは、自分で選ぶことができる」と考えるのです。

たとえば、会議に参加メンバーのひとりであるAさんが遅刻して、会議の開始が10分遅れたとします。ここでどういう意識を持つかによって、遅れた人への対応が変わってきます。

普通は、「Aさんが会議に遅刻した」と、考えますよね。そして、会議に遅れてきたAさんを責めたり、ときには無視したりして、遅刻の制裁を与える人もいるでしょう。もしくは、「次回遅刻しないようにするにはどうすればいいのか」を考えさせる人もいるかもしれません。

でも、現実化させる力が強い人たちはこう考えます。

「私がAさんを会議に遅刻させた。Aさんに遅刻を経験させないために、私にできたことがあったのではないのか？」

「Aさんの遅刻」という事実に対して、多くの人はAさんを責めますが、現実化させる力が強い人たちは主体者として、自分でその責任を引き受けます。

繰り返しますが、**主体とは、未来を提案し、率先して模範を示すことです。**

「自分が悪い」と思っているところに救いの手を差し出されたら、救いの手を出してくださった人のために「自分ができることで貢献しよう」「お返ししよう」と思うはずです。現実化させる力が強い人たちは、そんなことを計算することもなく、自然と相手に貢献しています。

彼らが現実化させるために行動しはじめると、救いの手を出してもらったたくさんの人たちが、その恩に報いようと思って、彼らに協力するので、現実化させる「力」もスピードもアップするのです。

学ぶと現れる敵

少し話がそれてしまいましたが、話を戻します。

学びはじめると必ず敵が現れます。そして、その敵の甘い囁《ささや》きによって、多くの人は自然と説得されてしまいます。では、ひとつ質問です。

その敵とは、誰でしょうか？　そう自分自身です。

もっと言えば、現状維持メカニズムの「現状を維持しよう」という働きです。

現状維持メカニズムは、変わろうとする自分を現状のままにとどめておこうという働きでした。このメカニズムは生命を維持するために必要だからこそ、私たちに備わっているものです。

たとえば、高熱を出したときには、汗をかいて体温を下げようとしてくれるし、逆に、体温が低くなったときには、体を震わせて、体温を上げようと働いてくれるのでした。

しかし、ときに自分の成長を阻害してくることもあります。特に、何かを学びはじめたときに、この現状維持メカニズムにはまってしまうことが多いのです。

もしかすると本書は、勉強熱心なあなたにとっては、すでに知っている知識や情報が多かったのではないでしょうか？

その知識に出合ったときに、どう捉えたでしょうか？


「あっ、これ知ってる」

「前に聞いたことがある」


これが現状維持メカニズムの甘い囁きです。「知ってる」「聞いたことがある」という知識や情報については、重要性を感じさせないのです。

では、ここでお聞きしたいのですが、それらの知識や情報をすでに

「使っているでしょうか？」
「できているでしょうか？」

セミナーで同じように質問をすると、ほとんどの人が目をそらします。なぜなら、行動に移せていないのを自覚しているからです。

「これをやったら絶対にうまくいく」という知識や情報を持っていたとしても、ほとんどの人はそれらを行動に移しません。行動に移さないから、「力」がつきません。

現状維持メカニズムのいい面と悪い面を知っておくと、行動を止める甘い囁きは、現状を維持するために働いていることに気づけます。

私たちは、知っている知識や情報が目の前に現れたら、自分の仕事や日常の場面で行動に移しているかどうかを、自分自身に問わなければいけないと思うのですが、いかがでしょうか？

ワーク 28

これまで学んできたことやセミナーの知識で現在も使っているものを1分で挙げてみてください。

学びのゴールをどこに設定するか?

行動しない人というのは、学びのゴールを「正解を見つける」ことに設定しています。一方で、現実化させる「力」が強い人たちは、学びのゴールを「アイデアを実践する」ことに設定しています。

私たちは必ず正解がある教育に慣れ親しんでいます。そして「正解は、教える側が提供してくれるもの」と無意識に染み込ませています。

しかし、学校の教育と違って、正解かどうかは、試してみないことにはわかりません。

世の中にたくさんの科学論文が発表されていますが、100パーセントの成果が出たという実験はないわけです。たとえば、瞑想がストレスを軽減させるという実験の成果が、80パーセントの被験者に当てはまったとしましょう。高い成果ですが、裏を返せば20パーセントの人には当てはまらないわけです。

でも、正解があることに慣れている私たちは、成果が出ない可能性が少しでもあると、「お金や時間のムダになってしまうんじゃないか」など、いろいろな理由を思いついて、行動を止めようとします、というか、行動をしません。

現実化させる力が強い人たちは、「１００パーセントうまくいくものなんてない」というのを体の芯にまで染み込ませているので、「うまくいったら儲けもの」くらいな気持ちで、学んだことを行動に移していきます。さらに、「行動することが当たり前」という現状維持メカニズムになっているので、むしろ、「そんなせっかちに行動しないでください」などと言われると戸惑ってしまうのです。

では、どうやって行動するためのアイデアを生み出していくのか？　次項でお伝えします。

ムダな学びがなくなるブリッジング法

これは原田隆史先生に教わった学び方ですが、学びの前に得るものを決めておくことによって、学びと普段のお仕事や日常の場面を頭の中で橋渡しして考えるようになり、実際のお仕事や日常の場面で活かせる方法や行動の気づきがアウトプットされるというものです。

キーワードは「自分ならどうするか？」です。まったく知らない話であっても、自分が主体者となって考えるクセをつけます。

たとえば、セミナーでプロサッカー選手の話が出てきたとします。「自分には関係ないや」と思ってしまうのもいいのですが、「自分ならどうするか？」という視点で考えてみるのです。

「プロサッカー選手ではこういうことを考えているのか。これを自分に置き換えたら、どのように応用できるだろうか？」

と、新しい分野の話に触れることで、既存の知識と掛け合わさって新しいアイデアにつながることがよくあります。

「アイデアとは、既存の知識の組み合わせ」ということが、ジェームス・W・ヤングの『アイデアのつくり方』（CCCメディアハウス）という本に書いてあります。

現実化させる「力」が強い人たちは、セミナーや学びの最中に、たくさんのメモを取ります。しかし、そのメモの中身は、ほとんどが講師の話やスライドに出てきたものではありません。では、何をメモしているのかというと、**話を聞いたり、スライドに出ているものを見て得た気づきやアイデアを忘れないようにメモに残しているのです。**

「セミナーは学びの場ではなく、アイデア創発の場だ」と彼らは口を揃えて言います。ひとつアイデアが創発されたら、それを行動レベルにまで落とし込みます。早い人は、トイレに行くフリをして、外に出て部下や関係者に指示を出していたりします。

また、彼らは幅広いジャンルでの知識を持っていることが多いです。「なんでそんな分野のことまで知っているの？」と聞きたくなるほど博学です。その理由のひとつは、このブリッジングが自然とできていることにあります。

よくある質問でこんなものがあります。

「目を閉じてください。部屋の中にある赤いものはいくつありましたか？」

目を開くと、それまで目に入ったけれども「見えていなかった」「認識していなかった」赤いものがたくさん目の中に飛び込んでくるというものです。あなたも体験されたことがあるかもしれません。

現実化させる「力」が強い人は、得るものを明確に決めているので、「目の前に現れるものは、自分にとって必要だからこそ現れている」と考えているのです。だから、「これはムダだからいらない」という判断はしません。

同時に、異分野と結びつけることによって、新しいアイデアや価値を生み出しやすいという経験もたくさん持っています。自分が得ると決めたものと、目の前に現れたものをどう結びつけるのか。それが無意識レベルにまで浸透しているので、博学になろうと意識していなくても、博学なのです。

また、彼らは自分を博学だなんて思ってはいません。むしろ、「自分は未熟だ」と思っています。「学べば学ぶほど、自分の知らないことが増えていく」という状態になっていくので、「自分が持っている知識なんて、たかがしれている」と過小評価しているのです。

だからこそ、「知らないことは知らない」と素直に言えて、その知識を持っている人に好奇心を持って接します。人は自分の話を聞いてくれる人を求めているので、どんどんその人に自分が持っている知識を話すのです。

得るものを明確に決めたあなたの目の前に現れるものに、ムダなものなんて何もありません。ぜひブリッジングして、新しい知恵やアイデアにつなげていってください。

学びを整理するために不可欠なアイテム

学びを自分のモノとして定着させるためには、よほどの記憶力の持ち主以外は、ノートやメモアプリなどに記録していると思います。

「そのノートやメモアプリを見返しますか？」と質問すると、「ほとんどの人が見返さない」と言うのです。あなたはいかがでしょうか？

「学びを整理するために不可欠なアイテム」と項目を立てましたが、本書で私が紹介したいのは、付箋《ふせん》を使った記録です。

付箋を使うことによって、気づきの数を可視化することができます。また、付箋は並べ替えることができるので、重要な順番に並べたり、必要な気づきをすぐに取り出せたりすることができます。

また、付箋は文字化するスペースが非常に狭いです。そのため、必然的に要約したキーワードで文字化しなければいけません。要約したキーワードで書くと、長期的な記憶として定着しやすいといわれています。

たとえば、セミナーに参加したときに、「思考の文字化」というキーワードを付箋に文字化したとします。翌日見返したときに、そのキーワードがキッカケとなって、その付箋に文字化したときの感情やイメージを思い出しやすくなり、その感情やイメージに引っ張られて、講師がどんな話をしていたのかも思い出しやすくなります。

これは学びから日が浅いときだけではなく、1年後などに何気なく見返したときにも、それをキッカケにして思い出せますし、さらに1年間、そのキーワードに基づいた行動や出来事も一緒に思い出し、新たな気づきが生まれてきます。

私たちは先生が前に文字化したことをノートに書き写すクセがついているので、それを一字一句漏らさないように書こうとします。学校でしたら、書くのを待ってくれますが、セミナーや講義では待ってくれません。

講師が提供してくれる板書やスライド、講師の話を書くのに一生懸命になってしまっていると、肝心のアイデアがなかなか生まれてきません。

講師が提供してくれるものを全部吸収したい気持ちはよくわかります。よくわかりますが、それを全部吸収したところで、行動に移さなかったら、なんの意味もなさないのです。

なお、ノートのとり方やメモについては、それだけでたくさんの書籍が出ています。どれも著者が実際にやってみて成果の出るものになっているので、ここで紹介した付箋の方法にこだわらず、気になる著者の本を1冊やり切ってみることをおすすめします。

まずは愚直に実践してみる

学びの場に行くと、「これをやってみてください」と、講師から行動が提案されます。

多くの本でも、章末などに「アクションリスト」として、行動したほうがいい項目が掲載されています。

じゃあ、実際にその行動をどのくらいの人がやるのかというと、おそらく10人いたらひとりかふたりではないでしょうか？

特に本であれば、読んだことに満足してしまって、その本の中に書かれているワークを実践する人なんてほとんどいません。

私は、本書とは別に自己紹介の本を2冊出版しています。「自己紹介を作ったら添削しますので、送ってください」と本に書いてありますが、実際に送られてきた自己紹介は100人にも至りません（もちろん、私が読者に「自己紹介を作りたくてたまらない‼」という状態に導けなかったのが、大きな要因ではありますし、せっかくご購入いただいたのに、行動に至らさせることができずに、申し訳ないと思っております）。

「本を読んでも行動に移さない人が多い」ということは、行動に移すだけで、本を購入しない人はもちろん、購入しても行動に移さない人より、大きな成果を得る可能性が高くなる、というわけです。

では、「セミナーや講座形式だったら行動するのか」というと、これもそんなことありません。行動しない人たちにその理由を聞くと、ほぼ全員がこんな回答をしました。

「まだ教えていただいた内容をすべて理解できていないので、実践することができません」

受験勉強では、学んだことを問題集を通して実践して、間違いを繰り返す過程で、学んだことを身につけていきます。

「まだ完璧に理解できていないので、問題集に取り組むことができません」という生徒がいたらどう思いますか?

「そうだよね、まだ完璧に理解できていないから取り組むことはできないよね」と優しい言葉をかけるでしょうか? そんな言葉はかけずに、「つべこべ言わずにとっととやれ!」と、伝えるはずです。

講義や本の中で教える側が与えてくれるアクションリストというのは、その問題集にあたるものです。ただ、唯一受験勉強と違うのが、「確実な正解がない」ということです。問題集には正解がありますが、人生においては、「可能性が高い」としか言えません。

たとえば、同じアクションリストをやってみて、「Aさんは効果が出たけれども、

Bさんはほとんど効果がなかった」ということがあります。

それは「そのアクションリストがAさんに合っていたのであって、Bさんには合っていなかった」という判断ができます。でも、その判断もやってみたからこそわかることであって、やる前からわかるものではありません。

何度も書いていますが、私たちは確実に正解があるものに対しては行動ができます。でも、正解がないものに対しては不安で行動に躊躇《ちゅうちょ》してしまいます。

そこで必要になってくるのが、第5章でお伝えした「自認力」になります。結果については自分だけでコントロールできるものではありません。

たとえば、「必ず成約できるクロージングトーク」というものを学んで、それを使ったとしても、買うかどうか決める権限は、こちら側にあるのではなく、お客さまにあるわけです。

クロージングトークの通りにやったとしても、クロージングに失敗する可能性はいくらでもあるわけです。でも、「実践した」「行動した」という事実は残ります。

それを積み重ねていくのです。たとえ失敗したとしても、実践することによって、経験値を積むことはできますし、振り返りで講師と何が違ったのかを考えることができます。その際に、学びを復習することになり、自分では実践できていたつもりが、「実は自己流になってしまっていて、間違っていたことをやっていた」ということに気づいたりするわけです。

その気づきの数が多くなればなるほど、「力」がついていって、やがては講師の話した通りに結果を出せるような実力がついていきます。

教わった人に積極的に質問する

現実化させる「力」が強い人というのは、この講師など教わった人への質問を積極的にしている人たちでもあります。教わった人には積極的に聞いたらいいのです。実践していたら、その状況を報告してアドバイスをもらって、そのアドバイスを組み込んで再トライしていきます。

では、積極的に質問できるのはなぜか？　それは教わったことを愚直に実践しているからです。

教える側は教えた人たちが行動に移さないということをよく知っています。もちろん、教える側の実力不足でもあるので、その実力をもっともっと高めないといけないわけですが、行動してくれるとうれしいです。

自分の教えたことを実践してもらったのに、結果が出ないとなれば、自分の教えたことが嘘になってしまいます。教える側も嘘つきにはなりたくないので、なんとかしてあなたに成果を出させようと親身になってくれます。

本の著者でも同じです。著者の多くはSNSをやっているので、つながるのは簡単です。どの著者さんも読者を大事にしてくださいますので、よほどの大ベストセラー作家や、「直接の質問は受け付けない」と言っている著者さん以外は、喜んであなたの質問に答えてくれるでしょう。

「ほかの人からもたくさんの質問が来ているかもしれない」なんて心配は不要です。著書の売上が累計40万部を超えているような著者さんに聞いても、「質問は1年間に10件くるかこないか」と言っています。

質問の返答があるかないかは期待せずに、本の感想と一緒に質問を送ってみることをおすすめします。

ただし、質問の際には答えを求めるだけの質問をしてはいけません。

「自分がどういう状況にいるのか」「その状況でどんな実践をしたのか」「その結果どうだったのか」という自分の背景や実践報告を必ず一緒にします。

当然、質問は長くなりますが、教える側もあなたの状況がわからなかったら、アドバイスのしようがないのです。

状況を細かく具体的に文字化することによって、教える側からいただける情報もより具体的になっていきます。

ワーク 29

第6章を読んでの気づきや感想を文字化してください。

おわりに――1日の1パーセントの時間を文字化に当てることで、人生は100パーセント変わる

最後までお読みいただき、ありがとうございました。

思考を現実化させるためには、その思考を現実化させるだけの「力」を身につけなければならない。本書で一貫してお伝えしたかったことです。

残念ながらどんな思考も、思考するだけでは現実化することはできません。その思考を現実化させるための「力」を身につけるために、行動を積み重ねなければなりません。原因のない結果は存在しません。

その「力」をどうやって身につけていくのか。どんな行動をしていったらいいのか？最短距離で「力」を身につけるために必要なスキルが「思考の文字化」です。

本書でお伝えしたことは、私自身だけでなく講座受講者も実践し、効果があって、なおかつ、すぐに取りかかることのできるものを厳選していますので、ぜひ取り組んでみてください。

そして、最後に伝えたいのがこれです。

「1日の1パーセントで文字化をすれば、人生は100パーセント変わる」

私はかかわる方々にこう言いつづけています。1日の1パーセントとは、1日1440分の1パーセントですから、約15分です。

この15分を思考を文字化する時間に当ててほしいのです。

「自分の頭の中にあるものを文字にする」

表現は1行で簡単ですが、その簡単なことを続けられない人がほとんどです。そして、続けられる人と続けられない人で大きな差が生まれるのです。

スマホやパソコンのメモアプリでもいいです。新しいノートを新調してもいいです。そこに自分の思いを思いっきり書いてみてください。誰に見られるものでもありません。そこに自分の本音を思いっきり書いてください。

毎日書きつづけていくうちに、「自分はこんなことを考えていたのか……」というものが必ず現れてきます。それはもしかしたら、ズルいところをたくさん持っている醜い自分かもしれません。

誰も見ないものに対して本音が出せないのに、人に本音を出すことなんてできません。「誰も自分のことを理解してくれない……」と言う人がいますが、**自分が自分を理解していないのに、他人に自分を理解してほしいなんていうのは、怠慢で傲慢な姿勢です。**残念ながら、自分がそうであることですら気づいていない人がほとんどです。

でも、その怠慢で傲慢な醜い自分を受け入れてこそ、人は自分を変えることができます。逆に、その醜い自分を見ないふりをしたままでいたら、あなたが成長すればするほど、その醜い部分も大きく成長させてしまうことになります。

「なんでこんな自分なんだろう……」と思うことでしょう。これまでの自分の人生を否定したくなるかもしれません。過去の事実は変えることができません。でも、その事実をどう捉えるのかは、いくらでも変えることができます。

私はこう考えています。

「確かにこれまでの人生では、自分の理想を実現できなかった。でも、その理想が実現できなかった期間は、これから先、より大きな理想を実現させるために、必要な経験だったんだ」

理想を現実化できなかったということは、その「力」が足りなかったわけです。では、なぜ「力」が足りなかったのか、それは過去の経験から学ばなければいけないと思うのです。それをやってこなかったから、毎回毎回、失敗を繰り返して、やがて、自分は理想なんて実現できないと思い込んでしまっただけです。

その思い込みから自分を解放させるためにも、1日の1パーセントの時間を使って文字化してください。自分と向き合ってください。もし、「何を文字化したらいいのかわからない」というのであれば、私が毎日フェイスブックで配信している筆文字投稿や、毎朝7時半に送っている「心が整うことばの朝食」というメルマガに返信してみてください。

今の自分を否定できる人というのは、自分に高い理想を持っている、自分に期待をかけている人です。もし、今の自分を否定せずに、現状で満足しているのであれば、理想なんて掲げようとはしません。もしくは、自分自身をあきらめているかのどちらかです。

でも、あなたはそのどちらとも違います。自分の可能性を誰よりもあなた自身が信じています。そうでなければ、この本を最後まで読むなんてできません。「この本に自分を変えるヒントがあるかもしれない」――そう思ったということが、あなたがあなたの可能性を信じている何よりの証拠です。

本を最後まで読めるだけの忍耐力を持っているあなたですから、継続できる忍耐力も十分に持っています。その忍耐力で、1日の1パーセントを文字化することに日々全力を尽くしていけば、現実化させる「力」が鍛えられて、1年後にはこの本を読んでいる時点とは別人のあなたになっていることをお約束します。

最後に。この本を企画してくださった貝瀬さんとWAVE出版の皆さま、私の3カ月のスパルタ添削について来てくださった文字化合宿参加者の皆さま、フィードバックしてくださった皆さま、そして、執筆に集中させてくれる環境を許してくれた家族に心から感謝を申し上げます。

令和二年五月

横川裕之

ワーク 30

次回、本書を読むときに得たい成果を３つ挙げてください。

（追伸）

ご購入者さまへの特典として、本書掲載のワークの回答が記入できるワークシートと文字化する習慣を身につけられるメール講座をプレゼントさせてください。ご購入者限定の特別講義やワークショップも開催する予定です。新しい自分に変わる〝はじめの一歩〟としてこのＱＲコードから配布ページにアクセスし、特典を受け取ってください。

参考文献

『人生を変える！「心のブレーキ」の外し方』（石井裕之／フォレスト出版）

『折れない心を育てる　自画自賛力』（原田隆史／KADOKAWA）

『常勝メンタル強化の技術』（川阪正樹／セルバ出版）

『無理なく限界を突破するための心理学 突破力』（メンタリストDaiGo／リベラル社）

『影響力の武器』（ロバート・B・チャルディーニ／誠信書房）

『思考は現実化する』（ナポレオン・ヒル／きこ書房）

『マインドセット「やればできる！の研究」』（キャロル・S・ドゥエック／草思社）

『ハーバードの人生を変える授業』（タル・ベン・シャハー／大和書房）

『すごい自己紹介［完全版］』（横川裕之／日本実業出版社）

横川裕之(よこかわ ひろゆき)
自立型人材育成コンサルタント／自己紹介の専門家
1979年新潟県生まれ。小学校から現在まで東京ですごす。
早稲田大学卒業後、一部上場ICT企業に勤めるが、システムに振り回される生活が続いていくことに絶望を感じ、自分を文字化することを始める。
文字化することで、気づいた願望から外資系生命保険会社を経て、独立。
独立後に文字化のノウハウを体系化し、【思考を文字化して現実化する能力】を開発するオンラインスクール『文字化合宿』として主催し、のべ37期開催。参加者は文字化を通して、唯一無二の価値を発掘し、収入アップだけでなく、出版・テレビ出演・事業拡大・独立・飛行機で来院する整体院へ成長するなどしている。
また、「ひとりひとりが大切な人を幸せに導く世の中を創る」という志に共感する人たちが集まる日本一のランチ会を2010年から187回開催(2020年5月現在)。ランチ会にて、のべ3000人以上の自己紹介を添削し、人の心を動かす自己紹介を創るノウハウをまとめた『すごい自己紹介[完全版]』(日本実業出版社)も出版している。
ブログ　http://yokokawahiroyuki.com/
Facebook　https://www.facebook.com/hiroyokko
Twitter　https://twitter.com/hiroyokko

思考は文字化すると現実化する

2020年　7月　9日　第1版第1刷発行
2021年　1月　8日　　　　第3刷発行

著者　横川裕之
発行所　WAVE出版
〒102-0074　東京都千代田区九段南3-9-12
TEL 03-3261-3713　FAX 03-3261-3823
Email　info@wave-publishers.co.jp
URL　http://www.wave-publishers.co.jp

印刷・製本　中央精版印刷株式会社

©YOKOKAWA Hiroyuki 2020 Printed in Japan
ISBN978-4-86621-294-4　Printed in Japan
落丁・乱丁本は小社送料負担にてお取りかえいたします。
本書の無断複写・複製・転載を禁じます。
NDC140　208p　19cm